PODER del ESPÍRITU SANTO

PODER del ESPÍRITU SANTO

CHARLES SPURGEON

Whitaker House

Toda cita bíblica es extraída de la Biblia Versión Reina Valera revisión 1960.

PODER DEL ESPÍRITU SANTO

ISBN: 0-88368-538-8
Impreso en los Estados Unidos de América

Whitaker House
30 Hunt Valley Circle
New Kensington, PA 15068
Web site: www.whitakerhouse.com

Library of Congress Cataloging-in-Publication Data

Spurgeon, C. H. (Charles Haddon), 1834–1892.
[Holy Spirit power. Spanish]
Poder del espíritu santo / Charles Spurgeon.
p. cm.
ISBN 0-88368-538-8 (pbk.)
1. Holy Spirit. I. Title.
BT121.2.S6818 1998
231'.3—dc21 98-20657

2 3 4 5 6 7 8 9 10 11 12 / 09 08 07 06 05 04 03 02

Contenido

1

El Consolador

"Mas el Consolador, el Espíritu Santo, a quien el Padre enviará en mi nombre, Él os enseñará todas las cosas, y os recordará todo lo que yo os he dicho."
—Juan 14:26

El buen anciano Simeón llamó a Jesús el consuelo de Israel, y realmente lo fue. Anterior a Su aparición real, Su nombre era Estrella de Día que significa "la alegría de la oscuridad", frase profética para el alba. Miraron hacia Él con la misma esperanza que mira el guardián mientras espera fielmente que salga el sol por la mañana. Cuando Él estaba en la tierra, era el consuelo de todos aquéllos que tuvieron el privilegio de ser sus compañeros. Podemos imaginarnos cuán a menudo los discípulos corrían a Cristo para contarle de sus angustias, y cuán dulcemente con un tono de voz inigualable Él les hablaba y les diría que no tengan temor. Como niños, lo consideraban su Padre.

Todo anhelo, todo gemido, toda angustia y agonía se cargaba sobre Él, y como un médico sabio curaba toda herida con bálsamo. Tenía una solución para cada caso y a menudo preparaba fuertes remedios para todos los problemas. Debe haber sido dulce vivir con Cristo. Las angustias se consideraban alegrías porque éstas daban la oportunidad de ir a Jesús para que Él las curase. Si sólo hubiéramos podido reposar sobre el pecho de Jesús, y nacer en esa época feliz. Escuchar Su amable voz y observar Su tierna mirada mientras decía: *"Venid a mí todos los que estáis trabajados y cargados, y yo os haré descansar"* (Mateo 11:28).

Cuando Él estaba a punto de morir, se debían cumplir grandes profecías y propósitos. Jesús debía marcharse. Él debía sufrir a fin de redimirnos del pecado. Era menester que Él dormitara un tiempo para perfumar la tumba.

Su resurrección aconteció para que algún día, nosotros, los muertos en Cristo, resucitásemos primero, en cuerpos gloriosos. Ascendió a las alturas para llevar cautiva la cautividad. Encadenó a los enemigos del infierno, atándolos a las ruedas de su carro y los arrastró hasta las altas montañas del cielo. Lo hizo para que experimenten una segunda derrota al enviarlos de las alturas del cielo a las profundidades del infierno.

Jesús dijo: *"Os conviene que me vaya; porque*

si no me fuese, el Consolador no vendría a vosotros; mas si me fuere, os lo enviaré" (Juan 16:7). Escuche con que dulzura Jesús habla *"Y yo rogaré al Padre, y os dará otro Consolador, para que esté con vosotros para siempre"* (Juan 14:16). Él no desampararía a aquéllas pobres ovejas en el campo. No abandonaría a Sus hijos ni los dejaría huérfanos. Antes de partir, Él ofreció palabras consoladoras.

Existen diversos significados de la palabra griega que se traduce *Consolador*. Los primeros traductores mantuvieron la palabra original en griego transcribiéndola en nuestro alfabeto para formar la palabra *"Paraclete"*. Paracleto, significa Espíritu Santo y es el término en griego. También posee otros significados como "amonestador" o "instructor". Habitualmente significa "abogado", no obstante, el significado más común de dicha palabra es "Consolador". No se pude pasar por alto las demás interpretaciones sin hacer algún comentario.

El Espíritu Santo como Maestro

Jesucristo había sido el instructor oficial de Sus santos mientras estuvo en la tierra. A ningún hombre llamaron *Rabbi* excepto a Jesús. No se sentaban a los pies de un hombre para aprender acerca de sus doctrinas sino que las oían directamente de los labios de Jesús que hablaba como ningún hombre lo ha hecho. A la hora de partir, ¿dónde encontraría la gente otro maestro infalible? ¿Debían recurrir al Papa en Roma para que decidiera sobre las cuestiones polémicas? Cristo no dijo tales cosas.

> *"Y yo rogaré al Padre, y os dará otro Consolador, para que esté con vosotros para siempre."* (Juan 14:16)

Al reemplazar el nombre Instructor por Consolador, Cristo debía enviarnos otro Instructor para que éste revelara las Escrituras, para que fuese el profeta autorizado por Dios que transformara las tinieblas en luz. Aquél que descifraría los misterios, desataría los nudos de la revelación y quien le haría comprender lo que no puede descubrir sin Su influencia.

Ningún hombre aprende correctamente a menos que el Espíritu le enseñe. Ningún hombre conoce a Jesús a menos que Dios le instruya.

No existe doctrina bíblica alguna que pueda aprenderse con total seguridad, minuciosa, verdaderamente sin la ayuda del Maestro autorizado para enseñar. No me mencione sistemas de divinidad, de teología, de comentadores infalibles, de eruditos o médicos arrogantes; hábleme acerca del gran Maestro que instruye a los hijos de Dios y da sabiduría para comprender todas las cosas.

El Espíritu Santo es el Maestro. Lo que digan los demás no tiene importancia. Mi descanso no está en la autoridad vanagloriosa de un hombre;

tampoco usted debe descansar en ella. No debe dejarse llevar por las artimañas de los hombres ni por palabras engañosas. El Espíritu Santo descansa en los corazones de Sus hijos.

El Espíritu Santo como Abogado

Paracleto también se traduce como "Abogado". ¿Ha pensado porqué el Espíritu Santo puede llamarse abogado? Usted sabe que Jesucristo es el Admirable, Consolador y poderoso Dios, pero ¿Cómo se puede llamar al Espíritu Santo abogado? Tal vez porque Él es nuestro defensor en la tierra que nos defiende de los enemigos de la Cruz. ¿Cómo es posible que Pablo clamó ante Felix y Agripa? ¿Cómo es posible que los apóstoles permanecieron inmóviles ante los jueces y confesaron a su Señor? ¿Cómo es posible que los ministros de Dios sean tan audaces como los leones, sus cejas más firmes que el bronce, sus corazones más fuertes que el acero y sus palabras como el lenguaje de Dios? Es simple, la respuesta no fue la súplica de un hombre sino la súplica del Espíritu Santo de Dios clamando a través del hombre.

Además, el Espíritu Santo es el Abogado en el corazón del hombre. He conocido a muchos hombres que rechazan una doctrina hasta que el Espíritu Santo comienza a iluminarlos. Nosotros, que somos defensores de la verdad, habitualmente carecemos del clamor. Echamos a perder nuestra causa mediante las palabras que utilizamos, sin embargo, el Espíritu Santo por su misericordia nos defiende exitosamente y vence a la oposición de cada pecador.

¿Se halló alguna falencia en el obrar del Espíritu Santo? ¿Dios no lo ha convencido de pecado en el pasado? ¿El Espíritu Santo no le ha demostrado que era culpable cuando ningún ministro pudo lograrlo? ¿El Espíritu Santo no defendió la justicia de Cristo? ¿No le dijo que sus obras eran trapos de inmundicia? ¿No lo convenció del juicio venidero? Él es el poderoso Abogado que clama en nuestras almas. Nos hace conscientes del pecado, la justicia y del juicio venidero.

> Bendito Abogado, clama en mi corazón, razona con mi mente. Si pecare, haz que mi conciencia me amoneste. Si errare, habla a mi conciencia al instante, y si me desviare, defiende la causa de tu justicia y trae confusión, para que comprenda mi culpa a la luz de Dios.

No existe otra manera en que el Espíritu Santo actúe como Abogado. Él defiende nuestra causa ante Jesucristo *"con gemidos indecibles"* (Romanos 8:26). Cuando mi alma está a punto de estallar dentro de mí, cuando mi corazón se llena de angustia o el fervor de las emociones se desborda por mis venas, anhelo hablar, pero el mismo deseo encadena mi lengua. Anhelo orar, pero el fervor de mis sentimientos refrena mi lengua. Hay un gemido dentro de mí que no se puede expresar.

¿Conoce usted quién pueda expresar tal gemido, quién pueda comprenderlo o traducirlo en lenguas celestiales para que Cristo lo oiga? Es el

Espíritu Santo de Dios. Él defiende nuestra causa ante Cristo y luego Cristo ante el Padre. Él es el Abogado e intercede por nosotros con gemidos indecibles.

El Espíritu Santo como Consolador

Explicado el mandato del Espíritu Santo como Maestro y Abogado, llegamos a la traducción de nuestra versión como el "Consolador". Respecto de la traducción, realicé tres divisiones: el Consolador, el Consuelo, y el Consolado.

El Consolador

En primer lugar, el Espíritu Santo de Dios es nuestro *"afectuoso"* Consolador. Si me encontrara angustiado, necesitado de consuelo y algún desconocido oyera mi lamento, entrase a mi hogar e intentara alentarme a través de dulces palabras, no lo lograría porque esa persona no me ama. Es un extraño, no me conoce y sólo habría venido a probar sus habilidades conmigo. ¿Cuál es la consecuencia? Sus palabras se deslizan sobre mí como el aceite sobre el mármol. Se asemejan al son de la lluvia sobre la roca; no disipan mi angustia y yo permanezco inconmovible porque él no me ama. Pero, si permito a aquél que me ama tanto como su su propia vida, razonar conmigo.

Verdaderamente esas palabras serían como música para mí y tendrían sabor a miel. Él conoce la clave para ingresar por la puerta de mi corazón, y mi oído está atento a cada una de Sus palabras. Capto la entonación de cada sílaba al pronunciarse; es como la armonía del arpa en el cielo. Es una voz amorosa que habla Su propio idioma. Sus frases y acento no pueden imitarse. La sabiduría no puede ser imitada ni la elocuencia adquirida. Sólo el amor alcanza el corazón dolido. El amor es el único pañuelo que enjuga las lágrimas de aquél que guarda luto.

¿Es el Espíritu Santo nuestro afectuoso Consolador? ¿Comprende cuánto lo ama el Espíritu Santo? ¿Puede usted medir el amor del Espíritu Santo? ¿Comprende cuán abundante es el afecto de Su alma hacia usted? Mida el cielo, pese las montañas, tome el agua del mar y cuente cada gota, sume la arena que posa sobre su orilla extensa. Cuando logre todo esto, comprenderá cuánto Él lo ama. Durante mucho tiempo lo amó y para siempre lo amará. Él es la persona indicada para consolarlo porque lo ama verdaderamente. Acéptelo en su corazón para que lo consuele en sus angustias.

Además, Él es su *"fiel"* Consolador. A veces el amor resulta infiel. Mucho más triste fue cuando un amigo me dio las espaldas en tiempos de angustia. ¡Ay, qué calamidad, cuando me abandonó en ese día oscuro! El Espíritu Santo de Dios no actúa de esta manera. Él ama eternamente y hasta el fin.

Confíe en Él. Quizá, en el pasado encontró el dulce y afectuoso Consolador y Él trajo alivio a su vida. Cuando los demás le fallaron, Él lo resguardó en Su pecho y lo alzó en Sus brazos. ¿Por qué desconfía ahora? No tenga temor. Él es su fiel Consolador.

Tal vez piense, "He pecado". Así es, pero el pecado no puede separarlo de Su amor; aún así Él lo ama. No piense que las secuelas de sus pecados anteriores han quitado su belleza o que Él lo ama menos a causa del pecado. Él lo amaba aun cuando conocía sus viejos pecados y ahora lo ama igual que antes. Acérquese a Él confiadamente y dígale que se arrepiente por haberlo contristado. Él se olvidará de su extravío y lo recibirá nuevamente. Los besos de Su amor lo alcanzarán y Su gracia lo envolverá. Él es fiel, confíe en Él. Nunca lo traicionará ni lo dejará.

¡Qué Consolador *"sabio"* es el Espíritu Santo! Job contaba con consoladores y creo que habló verdad cuando dijo, *"Consoladores molestos sois todos vosotros"* (Job 16:2). La gente no comprendía su angustia y dolor. Pensaron que realmente no era hijo de Dios, y lo trataron erróneamente, como cuando un médico se equivoca en su diagnóstico y da una receta incorrecta.

A menudo, cuando visitamos a personas, nos equivocamos de diagnóstico. Deseamos consolarlos, pero no necesitan consuelo alguno; es más conveniente dejarlos solos en lugar de que reciban a consoladores carentes de sabiduría. Pero cuán sabio es el Espíritu Santo. Él toma el alma, la apoya sobre la mesa y la analiza minuciosamente en un instante. Él descubre la esencia de la cuestión, observa dónde está el dolor y utiliza un bisturí para extirpar lo innecesario y coloca una venda donde se encuentra la herida. Jamás se equivoca. Entre todos los consoladores, yo recurro al Espíritu Santo puesto que sólo Él ofrece el consuelo más sabio.

¡Cuán *"seguro"* es el Espíritu Santo como Consolador! Todo consuelo no es seguro. Hubo un joven abatido que ingresó a la casa de Dios y oyó a un poderoso predicador. La palabra fue bendecida y lo convenció de pecado. Al ingresar a su hogar, su familia halló algo distinto en él. Ellos dijeron: "Ay, Juan está loco". Su madre dijo: "Envíalo al campo por una semana. Déjalo ir a bailar o al teatro".

¿Halló Juan consuelo allí? No, lo hicieron sentir peor. Mientras estaba allí, pensó que el infierno se abriría para devorarlo. ¿Halló consuelo en los entretenimientos del mundo? No, creyó que resultaban una pérdida de tiempo. Son consuelos sin fundamento, sin embargo, es el consuelo del mundo.

Cuando un cristiano se encuentra angustiado, muchos recomiendan tal o cual remedio. Hubo muchos niños destruidos por medicamentos que los adormecían. Muchos han sido arruinados por el grito de paz cuando nunca existió. Oyen palabras suaves cuando deberían ser movidos por lo ligero. La serpiente de Cleopatra yacía en un canasto lleno de flores y la ruina del hombre se halla en los agradables discursos. Sin embargo, el consuelo del Espíritu Santo es seguro y usted puede descansar en Él. Permítale hablar la Palabra; hay verdad en ella. Permítale ofrecerle la copa del consuelo; puede beberla toda porque en el fondo no hay nada que pueda intoxicarlo o arruinarlo. Él es confiable.

Además, el Espíritu Santo es nuestro Consolador *"activo"*. Él no consuela mediante palabras sino con hechos. Al igual que en Santiago 2:16, algunos ofrecen consuelo diciendo: *"Id en paz, calentaos y saciaos, pero no les dais las cosas que son necesarias para el cuerpo, ¿de qué aprovecha?"*. Como dice este versículo, el mundo nada ofrece, pero, el Espíritu Santo sí. Él intercede con Jesús, nos da promesas, gracia y de este modo Él nos consuela. Recuerde, Él es un *"exitoso"* Consolador. Nunca intenta aquello que no puede lograr.

Usted no necesita llamarlo. Su Dios siempre está cerca suyo y si necesita consuelo cuando se siente abatido, la Palabra está cerca de usted. Está en su boca y en su corazón. Él es su eterno auxilio en las tribulaciones (Sal. 46:1).

El Consuelo

Hay personas que se equivocan en gran manera acerca de la influencia del Espíritu Santo. Un hombre necio deseaba predicar en el púlpito. A pesar de que no estuviera capacitado para ello, le aseguró al ministro con solemnidad que el Espíritu Santo le había revelado que él debía predicar. El ministro dijo: "Muy bien, supongo que no debo cuestionar su afirmación pero, aún no me ha sido revelado que usted debe predicar. Entonces, márchese hasta que me sea revelado".

He oído a muchos fanáticos afirmar que el Espíritu Santo les ha revelado ésta y aquélla idea. Estas son tonterías reveladas. En la actualidad, el Espíritu Santo no revela cosas nuevas. Él trae lo antiguo a nuestra memoria.

> *"Mas el Consolador, el Espíritu Santo,a quien el Padre enviará en mi nombre, él os enseñará todas las cosas, y os recordará todo lo que yo os he dicho."* (Juan 14:26)

El canon de la revelación ya está determinado. No se le debe agregar cosa alguna. Dios no ofrece una nueva revelación sino que afianza la antigua. Cuando ha sido olvidada en la cámara de nuestra memoria, Él la saca a luz, limpia el cuadro, pero no pinta uno nuevo. No existen nuevas doctrinas sino que hace revivir las antiguas. El Espíritu no consuela mediante una nueva revelación. Él nos consuela haciéndonos recordar las cosas antiguas nuevamente. Nos alumbra para manifestar los tesoros escondidos en las Escrituras. Él abre el tesoro donde yace la verdad, y señala a las cámaras secretas colmadas de riquezas incalculables.

En la Biblia se encuentra todo lo necesario para vivir eternamente. Si los años de su vida excedieran a los vividos por Matusalén no se requeriría una nueva revelación. Si viviera hasta la venida de Cristo, no habría necesidad de agregar una sola palabra. Si fuese hasta las profundidades como Jonás o descendiera hasta el centro del infierno como dijo David, en la Biblia se encontraría todo lo necesario para consolarse sin la necesidad de agregar otra oración. Sin embargo, Cristo dice, *"Todo lo que tiene el Padre es mío; por eso dije que tomará de lo mío, y os lo hará saber"* (Juan 16:15).

El Espíritu Santo susurra al corazón. Expresa frases tales como, "Anímate. Alguien murió por ti. Mira hacia el Calvario; contempla Sus heridas; mira el torrente brotar de su costado, ese es tu amo, tú estás a salvo. Él te ama con amor eterno, y Su sacrificio fue para tu bien. Cada caricia te sana. Él sana tu alma de cada herida". *"Porque el Señor al que ama, disciplina, y azota a todo que recibe por hijo"* (Hebreos 12:6).

No ponga en duda la gracia divina a causa de su tribulación, crea que Él lo ama tanto en tiempos de tribulación como en tiempos de contentamiento. ¿Qué significa su angustia comparada con las agonías de Cristo, al pesarlas en una balanza?

Especialmente cuando el Espíritu Santo corre el velo del cielo y permite que el alma contemple la gloria celestial, es allí cuando el santo puede decir:

> Tú eres mi Consolador. Venga tu cuidado sobre mí como un tempestuoso diluvio, produce tormentas de angustia. Pero permíteme llegar a mi hogar seguro, mi Dios, mi cielo, mi todo.

¡Si tuviese que contar las manifestaciones del cielo, alguno de ustedes podría ponerlas por obra! Usted también ha dejado el sol, la luna y las estrellas a sus pies, mientras en las alturas ha vencido al relámpago tardío. Parece que entró por las puertas de perla y caminó por las calles de oro elevado sobre las alas del Espíritu. Pero aquí, no debemos confiar en nosotros mismos porque probablemente nos perdamos en la contemplación y olvidemos el tema.

El consolado

¿Quiénes son los consolados? Al final de mis sermones me gusta decir: "Divídanse. Divídanse", porque existen dos grupos. Algunos son los consolados, otros son los desconsolados. Algunos recibieron el consuelo del Espíritu Santo, y otros no. Permítame examinar a mis lectores para ver quién es la cizaña y quién el trigo. Dios puede transformar la cizaña en Su trigo.

Usted puede preguntarse: "¿Cómo sé si soy receptor del consuelo del Espíritu Santo?" Puede saberlo mediante una sola regla: si recibió una bendición por parte de Dios, usted recibirá toda otra bendición. Permítame ser más explícito. Si yo estuviera en una subasta y ofreciera el Evangelio, lo vendería completo. Si dijera: "Soy justificado a través de la sangre de Jesús gratuitamente otorgada", muchos dirían: "¡Quiero ser justificado, deseo ser perdonado!".

Imagine que yo ofreciera santificación, la redención de pecados, un profundo cambio de corazón, liberación del alcoholismo y de las maldiciones. Muchos dirían: "No quiero eso. Quisiera ir al cielo, pero no quiero la santidad. Me gustaría ser salvo sin dejar la bebida. Quisiera entrar en gloria, pero seguir maldiciendo".

Si recibió una bendición por parte de Dios, recibirá toda otra bendición. Dios nunca divide el Evangelio. No hace acepción de personas cuando ofrece justificación, santificación, perdón o santidad. Esto es para todos. *"Y a los que predestinó, a éstos también llamó; y a los que llamó, a éstos también justificó; y a los que justificó, a éstos también glorificó"* (Ro. 8:30).

Si usted descansara sobre el consuelo del Evangelio, volaría hacia ello como las moscas hacia la miel. Cuando se enferma llama al pastor. Quiere que el ministro hable palabras consoladoras. Sin embargo, si fuere un hombre honesto, él no debía darle ni un grano de consuelo. No derramaría aceite si el bisturí es la solución.

Antes de atreverme a hablar acerca de Cristo, hago que la persona se sienta pecadora. Examino su alma y le hago sentir que está perdido antes de contarle de la bendición ya comprada.

¿Ha sido usted convencido de pecado? ¿Ha sentido culpa ante Dios? ¿Ha humillado su alma ante los pies de Jesús? ¿Ha mirado hacia el Calvario para hallar auxilio? Si no fuere así, no tiene derecho a reclamar consuelo. No tome ni un átomo de ello.

El Espíritu convence antes de dar consuelo, y usted debe ser operado por el Espíritu antes de recibir consuelo.

¿Qué sabe usted acerca del Consolador? Deje que esta solemne pregunta traspase su alma. Si no conoce al Consolador, le diré a quién conocerá. Conocerá al Juez. Si no conoce al Consolador conocerá al Condenador en el otro mundo. Él gritará: *"Apartaos de mí, malditos, al fuego eterno preparado para el diablo y sus ángeles"* (Mt. 25:41).

Bien expresó Whitefield cuando dijo: "Tierra, tierra, tierra oye la Palabra del Señor". Si viviéramos aquí para siempre, menospreciaríamos el Evangelio. Si usted fuera dueño de la vida, despreciaría al Consolador, pero usted debe morir. Probablemente, algunos han regresado a sus hogares perdidos, y otros pronto se hallarán en medio de los glorificados arriba o con los maldecidos abajo. ¿Dónde irá usted? Deje que su alma conteste. Si cayere muerto esta noche, ¿dónde iría: al cielo o al infierno?

No se deje engañar. Deje que su conciencia haga la perfecta obra y si a la luz de Dios se encuentra obligado a decir: "Tiemblo y temo que mi porción sea con los incrédulos". Escuche un momento, *"El que creyere y fuere bautizado, será salvo; mas el que no creyere, será condenado"* (Marcos 16:16).

Débil pecador, el menosprecio del diablo, el reprobado, maldito, hurtador, adúltero, fornicario, bebedor, transgresor, me dirijo a usted y a los redimidos. No excluyo a ningún hombre. Dios ha dicho que no hay ninguna excepción. "*Si confesares con tu boca que Jesús es el Señor, y creyeres en tu corazón que Dios le levantó de los muertos, serás salvo*" (Ro. 10:9). El pecado no constituye una barrera, y su culpa no es obstáculo. Aunque fuere malvado como Satanás o traidor como un enemigo, todo aquél que cree será perdonado de todo pecado, quedará absuelto de todo crimen e iniquidad. Será salvo en el Señor Jesucristo y se encontrará seguro en el cielo. Éste es el glorioso Evangelio. Espero que Dios lo haga llegar a su corazón y le dé fe en Jesús.

Hemos oído al predicador—
La Verdad por él fue revelada;
Pero anhelamos un Maestro Mayor,
Del trono eterno;
La *Aplicación* es la exclusiva obra de Dios.

2

El Poder del Espíritu Santo

"Y el Dios de esperanza os llene
de todo gozo y paz en el creer,
para que abundéis en esperanza
por el poder del Espíritu Santo."
—Romanos 15:13

El poder es un privilegio especial y peculiar que le corresponde a Dios, sólo a Él. *"Una vez habló Dios; dos veces he oído esto: Que de Dios es el poder"* (Sal. 62:11). Dios es Dios, y el poder es suyo.

Él delega una porción del poder a su creación, sin embargo aún le pertenece. El sol que es, *"como esposo que sale de su tálamo, se alegra cual gigante para correr el camino"* (Sal. 19:5), no tiene libertad de acción a menos que Dios lo dirija. Las estrellas, aunque transiten en sus órbitas y nadie puede detenerlas, no poseen ni poder ni fuerza a menos que Dios se lo diera. El imponente arcángel cerca de su trono brilla más que un cometa en su máximo esplendor y aunque se destaque por su poder y escuche la voz de las órdenes de Dios, no tiene poder alguno a menos que su Creador se lo diera. Como Leviatán que hizo hervir el mar como agua en un recipiente o Behemot que bebió agua del Jordán en una sola vez y se jactó de que era capaz de devorar las majestuosas bestias de la tierra. Estos le deben su fuerza al Dios que transformó sus huesos en hierro y sus tendones en cobre.

Piense en el hombre. Su fuerza o poder es tan pequeña e insignificante que prácticamente no se puede considerar como tal. Sí, aún cuando esté en su máximo grado, aunque el hombre ejerciera su autoridad, dirigiera o tuviera la soberanía de la nación, el poder emana de Dios.

Este exclusivo privilegio de Dios se encuentra en cada una de las tres personas de la gloriosa Trinidad. El Padre tiene poder; por Su Palabra fueron creados los cielos, la tierra y todo lo que hay en ella. Por Su poder toda la creación subsiste y cumple Su propósito. El Hijo tiene poder, como Su Padre, Él es el Creador de todas las cosas. *"Todas las cosas por él fueron hechas, y sin él nada de lo que ha sido hecho, fue hecho"* (Juan 1:3). *"Y él es antes de todas las cosas, y todas las cosas en él subsisten"* (Col. 1:17). El Espíritu Santo también tiene poder. En adelante, hablaré acerca de este poder.

Consideraremos el tema del poder del Espíritu Santo en tres perspectivas: las manifestaciones externas y visibles, las manifestaciones internas y espirituales, y las futuras y esperadas obras del Espíritu Santo. De esta manera, Su poder se hará presente en sus almas.

El poder del Espíritu Santo es activo. Ha sido ejercido. Dios ya obró en gran manera mediante el Espíritu de Dios. Se ha logrado mucho más de lo que hubiese logrado cualquier ser, excepto el infinito poderoso Jehová que está unido al Espíritu Santo en una sola persona. Las cuatro obras que constituyen las señales externas y manifiestas del poder del Espíritu Santo son: la obra de la creación, la obra de la resurrección, la obra del testimonio y las obra de gracia.

La Obra de la Creación

El Espíritu manifestó la omnipotencia de Su poder a través de la obra de creación. Aunque no se constate a menudo en las Escrituras, en diferentes pasajes la obra de la creación se le atribuye tanto al Espíritu Santo como al Hijo y al Padre. La creación de los cielos es considerada obra del Espíritu de Dios. Queda comprobado en Job 26:13: *"Su Espíritu adornó los cielos; Su mano creó la serpiente tortuosa"*. Se dice que todas las estrellas en el cielo fueron colocadas por el Espíritu. Una constelación en particular llamada la serpiente tortuosa ha sido señalada como obra de Sus manos.

Él hizo el Orión, agrupó las siete estrellas de Pléyades y guió a Osa. Su mano creó todas las estrellas que brillan en el cielo.

Además, las creaciones que se llevan a cabo en la actualidad tales como el nacimiento de seres humanos y la reproducción de animales, se atribuyen al Espíritu Santo. El texto de Salmos 104 dice:

> *"Escondes tu rostro, se turban; les quitas el hálito, dejan de ser. Y vuelven al polvo. Envías tu Espíritu, son creados, Y renuevas la faz de la tierra."* (Sal. 104:29-30)

La creación de todo hombre es obra del Espíritu Santo. La creación de la vida y todo lo que existe, se atribuye al poder del Espíritu Santo como primer adorno del cielo.

Observe el primer capítulo de Génesis y comprobará la peculiar obra de poder sobre el universo realizada por el Espíritu Santo. Luego descubrirá Su obra especial. Allí leemos, *"Y la tierra estaba desordenada y vacía, y las tinieblas estaban sobre la faz del abismo, y el Espíritu de Dios se movía sobre la faz de las aguas"* (Gn. 1:2).

Hubo un determinado momento en el que el Espíritu Santo en particular estaba más involucrado en la creación. Aconteció cuando se formó el cuerpo de nuestro Señor Jesucristo. A pesar de que nuestro Señor Jesucristo fue concebido, en su nacimiento terrenal, por una mujer y hecho a semejanza del hombre carnal, el poder creador yacía completamente en el Espíritu Santo de Dios. Como expresan las Escrituras:

> *"El Espíritu Santo vendrá sobre ti, y el poder del Altísimo te cubrirá con su sombra; por lo cual también el Santo Ser que nacerá, será llamado Hijo de Dios."* (Lucas 1:35)

Él fue engendrado, según el Credo Apostólico, del Espíritu Santo. El cuadro corporal del Señor Jesucristo fue obra maestra del Espíritu Santo.

Supongo que el cuerpo de Cristo excedió a todo otro en belleza y se asemejaba al del primer hombre. Creo que es el tipo de cuerpo que ascenderá a los cielos donde brillará en su máxima gloria. Aquella creación con toda belleza y perfección fue modelada por el Espíritu. El Espíritu Santo diseñó a Cristo y aquí nuevamente, surge otra instancia de la energía creativa del Espíritu.

La Obra de la Resurrección

Una segunda manifestación del poder del Espíritu Santo se encuentra en la resurrección del Señor Jesucristo. Si alguna vez estudió sobre el tema, se habrá maravillado al observar cuán a menudo se le atribuye a sí mismo la resurrección de Cristo. Mediante Su propio poder y soberanía no pudo ser detenido por el yugo de muerte, pero debido a que voluntariamente entregó Su vida, tuvo derecho a recuperarla. En otro pasaje bíblico el poder se atribuye al Padre, *"Le levantó de los muertos"* (Hechos 13:34). Dios, el Padre lo exaltó. Hay varios pasajes similares. No obstante, nuevamente, las Escrituras establecen que Jesucristo fue resucitado por el Espíritu Santo.

Todo esto es verdadero. Él fue resucitado por el Padre porque el Padre así lo ordenó. Se hizo justicia. Dios elaboró un mensaje oficial que liberó a Jesús de la tumba. Cristo resucitó por Su propia majestad y poder porque a Él le correspondía resucitar. El yugo de muerte no pudo detenerlo. Sin embargo resucitó después de tres días mediante el Espíritu y la energía que recibió Su cuerpo mortal. Si usted quiere puede probarlo, abra su Biblia nuevamente y lea lo siguiente:

> *"Porque también Cristo padeció una sola vez por los pecados, el justo por los injustos, para llevarnos a Dios, siendo a la verdad muerto en la carne, pero vivificado en el Espíritu."*
> (1 Pedro 3:18)

> *"Y si el Espíritu de aquél que levantó de los muertos a Jesús mora en vosotros, el que levantó de los muertos a Cristo Jesús vivificará también vuestros cuerpos mortales por su Espíritu que mora en vosotros."* (Romanos 8:11)

Entonces, la resurrección de Cristo se efectuó por el Espíritu. Esta es una noble ilustración de Su omnipotencia.

Si hubiera podido entrar a la tumba de Jesús como un ángel y ver Su cuerpo en reposo, estaría tan frío como cualquier otro cadáver. Si hubiera alzado Su mano, caería a su costado. Si lo hubiera mirado a los ojos, estarían oscuros. La muerte echada sobre Él aniquiló la vida. Aunque hubiese observado Sus manos, no correría sangre. Estarían frías e inmóviles.

¿Era posible que ese cuerpo reviviese? ¿Resucitaría? Sí, y es la demostración del poder del Espíritu. Porque cuando el poder del Espíritu vino sobre Él, así como vino sobre los huesos secos en el valle, Él resucitó con la Majestad de Su divinidad. Resplandeciente. Sorprendió a los guardias y éstos huyeron. Se levantó para no morir jamás sino para vivir eternamente; Rey de reyes y Príncipe de los reyes terrenales.

La Obra del Testimonio

Entre las obras del Espíritu Santo la tercera, que ha sido maravillosamente ilustrada, es la obra del testimonio. Me refiero a las obras como testigo. Cuando Jesucristo se bautizó en el río Jordán, el Espíritu Santo descendió sobre Él como paloma y lo proclamó Hijo Amado de Dios. A esto denomino la obra del testimonio. Luego, el poder del Espíritu Santo le permitió a Cristo resucitar a los muertos, sanar a los leprosos, dirigirse a las enfermedades para que huyeran instantáneamente y expulsar miles de demonios. El Espíritu moraba en Jesús sin medida. Mediante aquel poder, se realizaron todos esos milagros. Eran obras del testimonio.

Después de la ascensión de Jesucristo, el testimonio maestro ocurrió al venir un viento recio sobre la asamblea de apóstoles. Se les aparecieron lenguas repartidas como de fuego, asentándose sobre cada uno de ellos y Él dio testimonio de Su ministerio dándoles la capacidad de hablar en lenguas según el Espíritu les daba que hablasen. También ocurrieron milagrosos hechos a través de ellos. Mire como Pedro resucitó a Dorcas, como Pablo le dio aliento de vida a Eutico y cuán grandes hechos se realizaron por medio de los apóstoles y de su Maestro. El Espíritu Santo obró poderosas señales y prodigios, y muchos creyeron a causa de esto.

¿Quién dudaría del poder del Espíritu después de aquello? ¿Qué harán los herejes que niegan no sólo la divinidad de Cristo sino también la existencia del Espíritu Santo y Su absoluta personalidad cuando se comprueba la creación, resurrección, y el testimonio? Mateo 21:44 dice: *"Y el que cayere sobre esta piedra será quebrantado; y sobre quien ella cayere, le desmenuzará"*. El Espíritu Santo posee el poder omnipotente de Dios.

La Obra de la Gracia

Las obras de gracia constituyen otras señales externas y visibles del poder del Espíritu Santo. Imagínese una ciudad en la que un adivino tiene el poder. Felipe tenía poder para predicar la Palabra de Dios. Inmediatamente, Simón, el mago, perdió su poder y buscó el poder del Espíritu. Él creía que el poder se adquiría con dinero. (Hechos 8: 9-18)

En tiempos modernos, imagínese un pueblo en el que los habitantes viven en miseria y se alimentan de reptiles. Obsérvelos inclinarse ante sus ídolos y adorar sus falsos dioses. Están tan entusiasmados con la superstición y son tan depravados y degenerados que usted se pregunta si tienen almas o no. Mire, Mofat iba con la Palabra de Dios en su mano, y predicaba según el Espíritu le daba que hablase.

La Palabra se acompaña con poder. Los habitantes abandonaron sus ídolos y detestan su lujuria antigua. Construyen viviendas, se visten y ahora son cuerdos. Rompieron el arco y la lanza en pedazos. Los primitivos se transformaron en individuos civilizados, y los salvajes aprendieron a comportarse. Aquél que desconocía las Escrituras comienza a leerla y a través de su boca Dios afirma el poder del Espíritu todopoderoso.

Imagine un hogar en la ciudad, allí vive un padre bebedor, un personaje desesperado. Existen muchos. Obsérvelo en su locura. Es lo mismo que encontrarse con un tigre desencadenado. Parece que podría desmenuzar a cualquiera que lo ofendiere. Mire a su esposa. Ella también tiene un espíritu dentro de ella y cuando él la maltrata lo resiste. En ese hogar se han oído muchos pleitos y los vecinos han sido perturbados por los ruidos. En cuanto a los pobres niños, mal vestidos, mal instruidos, pobres criaturas. Dije, ¿No enseñados? Ellos son instruidos, muy bien enseñados, pero en la escuela del diablo y crecerán para ser herederos de maldición.

Sin embargo, alguien bendecido por el Espíritu es guiado hacia esa casa. Quizá es un humilde misionero urbano que trata con esta clase de gente. "Ay" exclama, "Venga a escuchar la voz de Dios". Ya sea por el poder de Dios o la predicación del ministro, la Palabra, que es precisa y poderosa, traspasa el corazón del pecador.

Las lágrimas se derraman por sus mejillas como nunca antes. El hombre tiembla y se estremece. El hombre tan fuerte se quebranta. El poderoso hombre tiembla, y aquellas rodillas que jamás se doblaron comienzan a quebrarse. Aquel corazón que jamás sintió cobardía, comienza a estremecerse ante el poder del Espíritu. Se sienta en una humilde silla como un penitente. Sus rodillas continúan dobladas mientras sus labios pronuncian una oración como la de un niño. Pero, aunque sea una sencilla oración, es la de un hijo de Dios. En ese instante comienza a ser un hombre transformado.

Note el cambio en su hogar. Su esposa se convierte en una mujer decente. Los niños son la alegría del hogar. A su tiempo, crecen como ramas de un olivo en derredor de la mesa y adornan el hogar como piedras pulidas. Pase por la casa. No existen los ruidos ni pleitos sino que se oyen canciones de Sión. Mírelo, ya no está ebrio. Ha bebido su última copa y ahora la rechaza. Él viene a Dios como Su siervo.

Ahora no se oyen gritos por la noche sino el son de solemnes himnos de alabanza a Dios. Por lo tanto, ¿existe el poder del Espíritu Santo? Sí, lo hemos visto.

Conocí un pueblo que tal vez era uno de los más profanos en Inglaterra. Era un pueblo colmado de personas dadas al alcohol y al libertinaje. Para un hombre honesto era casi imposible pasar por la cantina sin ser molestado con blasfemias. El lugar era conocido por los radicales y ladrones.

Un hombre, el líder del grupo, escuchó la voz de Dios. Su corazón fue quebrantado. Toda la pandilla vino a oír el Evangelio. Se sentaron y reverenciaban al predicador como un dios, en lugar de un hombre. Estos hombres fueron cambiados y transformados. Aquéllos que lo conocían a él, afirmaron que semejante cambio sólo podía producirse por el poder del Espíritu Santo.

Permita que el Evangelio sea predicado y el Espíritu derramado. Usted verá que tiene poder para cambiar la conciencia, mejorar la conducta, levantar a los perversos, y purificar la maldad de las razas, por ello usted debe gloriarse en Él. Nada se asemeja al poder del Espíritu. Sólo déjelo venir, y seguramente, todo se logrará.

El Poder Interno del Espíritu Santo

El segundo punto versa sobre el poder interno y espiritual del Espíritu Santo. Lo que usted ya leyó puede visualizarse. Pero, lo que leerá a continuación debe sentirse. Ningún hombre comprenderá lo que expreso a menos que lo sienta.

Primero, el Espíritu Santo ejerce control sobre el corazón del hombre que es difícil de penetrar. Si quiere ganarlo con algún propósito de este mundo, puede hacerlo. Un mundo engañoso logra ganar el corazón del hombre, al igual que un poco de oro. Sin embargo, ningún ministro puede ganar el corazón de un hombre por sí mismo. Puede ganar sus oídos para que éste oiga, puede ganar sus ojos y tenerlos puestos en él. Puede atraer su atención, pero el corazón es resbaloso.

El corazón es un pez que a todo pescador cristiano le resulta difícil pescar. Habitualmente lo saca del agua, sin embargo por ser tan resbaladizo como una anguila se pierde entre sus dedos y al final se le escapa. Muchos hombres creyeron atrapar el corazón, pero se desilusionaron. Se necesita un gran cazador para cazar a un ciervo en las montañas. Es demasiado ligero para el pie humano.

El Espíritu sólo tiene poder sobre el corazón del hombre. ¿Alguna vez ha probado su poder sobre el corazón? Si algún hombre piensa que un ministro puede convertir el alma por sí mismo, ojalá lo intentara. Deje que se convierta en maestro de escuela dominical. Dictará sus clases, tendrá los mejores libros, las mejores doctrinas, y el mejor alumno en su clase. Si no se cansó en una semana, yo estaría en un gran error. Deje que pase cuatro o cinco sábados intentándolo. Al final él dirá: "Este joven es incorregible".

Déjelo probar otra vez. Y será necesario que pruebe otra y otra vez antes de convertir a alguno de ellos. Pronto se dará cuenta que es como el Señor estipuló en Zacarías 4:6: *"No es con ejército, ni con fuerza sino con mi Espíritu"*. El hombre no puede llegar al alma, pero el Espíritu Santo sí.

"Mi amado metió su mano por la ventanilla, y mi corazón se conmovió dentro de mí" (Cnt. 5:4). Él puede dar un sentido de perdón comprado a precio de sangre que ablanda hasta un corazón de piedra,

Habla con esa voz que despierta
a los muertos,
Y haz que el pecador se levante:
que la conciencia llena de culpa tema
La muerte que nunca muere.

Él hace audibles los truenos del Sinaí. Puede hacer que los dulces susurros del Calvario penetren al alma. Tiene poder sobre el corazón del hombre, y una prueba gloriosa acerca de la omnipotencia del Espíritu es que Él gobierna en los corazones.

Sin embargo, si hubiere algo más obstinado que el corazón, sería la voluntad. "Mi Señor

Willbewill", como lo llama Bunyan en su libro Guerra Santa, es un joven que no será fácilmente quebrado. La voluntad, especialmente en algunos hombres, es obstinada, y en todo hombre, si la voluntad provoca oposición, no hay nada que hacer.

Algunos creen en el libre albedrío. Muchos suenan con el libre albedrío. Libre albedrío. ¿Dónde se hallará? Hubo libre albedrío en el Huerto de Edén, y qué desastre provocó. Echó a perder a todo el Paraíso, y lo expulsó a Adán del huerto. Hubo libre albedrío en el cielo, pero expulsó al glorioso arcángel y un tercio de las estrellas cayeron al abismo.

No obstante, algunos se jactan del libre albedrío. ¿Será que aquéllos que creen en el libre albedrío tienen más autoridad sobre la voluntad de la gente que yo mismo? Sé que no la tengo. Encuentro el viejo proverbio muy verdadero: "Un hombre puede atraer al caballo hacia el agua, pero cien hombres no pueden hacerlo beber". Creo que ningún hombre tiene autoridad sobre la voluntad del prójimo, pero el Espíritu Santo sí.

"Tu pueblo se te ofrecerá voluntariamente en el día de tu poder" (Sal. 110:3). Él hace que el pecador sin voluntad tenga tanta que busque con ímpetu el Evangelio. Aquél que antes era obstinado, ahora corre a la cruz. Aquél que se burlaba de Jesús, ahora se toma de Su misericordia; aquél que no creía, ahora mediante el Espíritu Santo cree voluntariamente y con entusiasmo. Lo hace con alegría y se regocija al oír el nombre de Jesús, y se

deleita en los mandamientos de Dios. El Espíritu Santo tiene autoridad sobre la voluntad.

Existe algo peor que la voluntad. Tal vez adivine a qué me refiero. Es más difícil quebrar la voluntad que quebrantar el corazón, pero hay algo que excede la obstinación de la voluntad: la imaginación. Deseo que mi voluntad esté sometida a la gracia divina. Sin embargo, temo que a veces mi imaginación no esté sometida a Él. Aquéllos que tienen mucha imaginación comprenden que resulta dificultoso controlarla. No se puede detener. Rompe las riendas. Jamás la podrá controlar.

A menudo, la imaginación se eleva a Dios con tanto poder que las alas del águila no la pueden igualar. Tiene tanta fuerza que hasta alcanza ver al Rey en su belleza y a la tierra lejana. Respecto a mí mismo, mi imaginación me traslada a las puertas de hierro, a través del infinito desconocido, a las mismas puertas de perla, y me lleva a descubrir la gloria.

La imaginación es igualmente potente hacia la otra dirección. Ella me ha llevado a las viles profundidades y oscuridades de la tierra. Ha traído pensamientos tan desagradables que mientras no podía evitarlos, me horrorizaban. Estos pensamientos vienen y cuando la epidemia brota es cuando más santo me siento, más devoto a Dios, y más sincero en oración. Pero, yo me regocijo y sólo pienso: puedo clamar cuando la imaginación viene sobre mí.

En el libro de Levítico, cuando la mujer clamó

contra un acto vil que se cometió, su vida no fue quitada. Lo mismo ocurre con los cristianos. Si clama, hay esperanza. ¿Puede usted encadenar su imaginación? No, pero el poder del Espíritu Santo sí puede lograrlo. Lo hará, lo hace aquí en la tierra finalmente.

Los Futuros y Deseados Efectos

Jesucristo exclamó: *"Consumado es"* (Juan 19:30). Esto es referente a la obra de Cristo, pero el Espíritu Santo no puede afirmar lo mismo. Él aún tiene mucho por hacer, y hasta que se logre la consumación de todas las cosas, cuando el Hijo mismo se sujete al Padre, el Espíritu Santo no dirá "Consumado es".

Pues, ¿Cuál es la obra del Espíritu Santo? Primero, debe perfeccionarnos en la santidad. Hay dos tipos de perfecciones que necesita un cristiano. Una de ellas es la perfección mediante la justificación de Jesús, y la otra es la perfección de la santificación obrada por el Espíritu Santo. En la actualidad, la corrupción aún reposa en el corazón de los regenerados, el corazón está parcialmente impuro y todavía hay lujuria y pensamientos viles.

Sin embargo, mi alma se regocija al saber que el día viene cuando Dios terminará la obra que Él comenzó. No sólo presentará mi alma perfecta en Cristo, sino también el espíritu, sin mancha ni cosa semejante. ¿Será verdad que mi pobre y depravado corazón ha de ser tan santo como el corazón de Dios?

¿Es cierto que este pobre espíritu que a menudo clama: *"¡Miserable de mí! ¿Quién me librará de este cuerpo de muerte?"* (Ro. 7:24), será librado del pecado y la muerte? ¿Es cierto que no habrá maldad alguna que suene en mis oídos y ningún pensamiento impuro que quite mi paz? ¡Oh, hora feliz!

Lavado hasta llegar a ser blanco, limpio, puro, y perfecto. Ni un ángel será más puro que yo, ni Dios más santo. Podré decir, en doble sentido, "Dios grande, estoy limpio. A través de la sangre de Cristo soy limpio, y por la obra del Espíritu también soy limpio". ¿No deberíamos exaltar el poder del Espíritu Santo para presentarnos aptos ante nuestro Padre que está en los cielos?

La Obra de la Gloria Postrera

Otra obra maravillosa del Espíritu Santo que no ha sido consumada, es la venida de la gloria postrera. En unos años más, no sé cuándo, ni cómo, el Espíritu Santo será derramado de manera muy diferente al derramamiento actual. *"Hay diversidad de operaciones"* (1 Co. 12:6), y en estos últimos años, hubo poco derramamiento del Espíritu en las distintas operaciones. Los ministros han caído en la rutina, continuamente predicando, predicando, predicando pero no se ha logrado mucho.

La hora viene cuando el Espíritu Santo será derramado nuevamente de manera tan maravillosa que muchos correrán de aquí para allá, *"la ciencia aumentará*" (Dn. 12:4), y el conocimiento de Dios cubrirá la tierra como las aguas cubren el mar (Isaías 11:9). Cuando venga Su reino y Su voluntad sea hecha en el cielo, como así también en la tierra (Mt. 6:10), ya no estaremos cargando para siempre como Faraón con las ruedas del carro.

Quizá no habrá ningún don milagroso, porque no será necesario. Sin embargo, habrá una cantidad milagrosa de santidad, un extraordinario fervor por la oración, una comunión tan real con Dios, tanta religión vital, y un derramar de las doctrinas de la Cruz, que todos verán que el Espíritu es derramado como agua, y que las lluvias están descendiendo de arriba. Oremos por esto, trabajemos continuamente por ello y busquémoslo.

Maravilloso Poder de Resurrección

Una obra más del Espíritu en la que manifestará Su poder es en la resurrección al final de los tiempos. A partir de las Escrituras, hay motivo para creer que aunque será efectuada mediante la voz de Dios y Su Palabra (el Hijo), la resurrección de los muertos acontecerá por medio del Espíritu. El mismo poder que resucitó a Jesús de entre los muertos también resucitará su cuerpo mortal. El poder de la resurrección es tal vez una de las pruebas más claras entre las obras del Espíritu.

Mis amigos, si se pudiera quitar el manto que

cubre al mundo por un tiempo, si se pudiera remover la tierra y mirásemos dos metros hacia abajo, qué mundo sería. ¿Qué veríamos? Huesos, cadáveres, pudrición, gusanos, corrupción usted diría: "*¿Podrán vivir estos huesos secos? ¿Podrán movilizarse?* Sí, "*En un momento, en un abrir y cerrar de ojos, a la final trompeta; porque se tocará trompeta y los muertos serán resucitados incorruptibles, y nosotros seremos transformados*" (1 Co. 15:52).

Él habla, y ellos resucitan. Mírelos desparramados; los huesos se unen. Mírelos desnudos; son cubiertos con carne. Obsérvelos aún sin vida, "*Espíritu, ven de los cuatro vientos, y sopla sobre estos muertos y vivirán*" (Ez. 37:9). Cuando viene el soplo del Espíritu Santo, ellos cobrarán vida, y se pararán como un gran ejército.

El Práctico Poder del Espíritu Santo

Mi intención fue hablar acerca del poder del Espíritu, y creo haberlo logrado. Ahora debemos dedicar unos momentos a la deducción práctica. Cristiano, el Espíritu es muy poderoso. ¿Qué deduce de esta realidad? Jamás debe desconfiar del poder de Dios para elevarlo al cielo. Estas dulces palabras han sido colocadas en mi alma:

Su mano Todopoderosa
Se alza para tu defensa;
¿Dónde está el poder que te puede alcanzar allí?
¿O que te puede sacar de allí?

El poder del Espíritu es su baluarte, y toda Su omnipotencia lo defiende. ¿Pueden sus enemigos vencer la omnipotencia? Si fuere así lo derribarían a usted. ¿Pueden luchar contra la Deidad y arrojarlo al suelo? Si fuere así lo vencerían a usted. Porque el poder del Espíritu es nuestro poder, y el poder del Espíritu es nuestra fortaleza.

Una vez más, si éste es el poder del Espíritu Santo, ¿por qué duda? En cuanto a su hijo y a su esposa por quienes clamó en oración tan frecuentemente. No dude del poder del Espíritu. Él puede tardar pero espérelo. Mujer santa, ha batallado por el alma de su esposo. Aunque se ha endurecido como nunca antes, y es un hombre desdichado que la trata mal, hay poder en el Espíritu. Usted que ha venido de iglesias sin frutos, prácticamente sin hojas en su árbol, no dude que el poder del Espíritu puede levantarlo. Será como el campo para el rebaño, como la cueva donde descansan los asnos monteses (Is. 32:14), abierta pero abandonada hasta que el Espíritu sea derramado de lo alto.

> *"El lugar se convertirá en estanque, y el sequedal en manaderos de aguas; en la morada de chacales, en su guarida, será lugar de cañas y juncos."* (Is. 35:7)

Usted, que recuerda lo que Dios ha hecho por su vida, nunca desconfíe del poder del Espíritu. Vio a la flor crecer en un campo fértil. Vio al desierto florecer como una rosa. Confíe en Él para el futuro. Luego salga y luche con la convicción de que el poder del Espíritu Santo tiene la capacidad de hacer cualquier cosa. Vaya a su escuela dominical, a su empresa, y predique con la convicción de que el poder del Espíritu Santo es su gran ayuda.

¿Qué más hay que decir acerca del poder del Espíritu? Creo que hay esperanza para algunos de ustedes. Yo no puedo salvarlo, y no puedo alcanzarlo. Quizá lo haga llorar. Sin embargo, se limpia las lágrimas de sus ojos, y se acabó todo. Pero, sé que mi Maestro puede alcanzarlo con salvación. Ese es mi consuelo. Gran pecador, hay esperanza para usted. Este poder puede salvarlo a usted así como a cualquier otra persona. Es capaz de quebrar su corazón de hierro y llenar con lágrimas sus ojos de piedra. Su poder puede hacerlo.

Si Él anhela transformar su corazón, cambiar la corriente de sus ideas, transformarlo en un instante en un hijo de Dios, justificarlo en Cristo, hay suficiente poder en el Espíritu Santo. Él no se aleja de usted sino que usted está estrecho en su propio corazón (2 Co. 6:12). Él puede traer a los pecadores a Jesús.

Él puede hacerlo anhelar el día de Su poder. ¿Está usted dispuesto? ¿Ha logrado hacerlo anhelar Su nombre, desear a Jesús? Entonces pecador, mientras Él lo atrae dígale: "Atráeme, soy infeliz sin ti". Sígalo. Sígalo y mientras Él lo lleva camine sobre Sus pisadas.

Regocíjese porque ha comenzado la buena obra con usted, hay pruebas de que Él continuará hasta el final. Si está desesperanzado, deposite su confianza en el poder del Espíritu. Descanse en la sangre de Jesús, y su alma estará segura, no sólo ahora sino en la eternidad. Dios lo bendiga. Amén.

3

El Espíritu Santo, el Gran Maestro

"Pero cuando venga el Espíritu de verdad,
él os guiará a toda verdad;
porque no hablará por su propia cuenta,
sino que hablará todo lo que
oyere, y os hará saber las cosas que habrán de venir."
—Juan 16:13

En gran medida, esta generación se ha tornado gradual e imperceptiblemente atea. Una de las enfermedades de la humanidad es lo oculto, pero el acentuado ateísmo es por lo que el hombre se ha apartado del conocimiento de Dios. La ciencia descubrió la segunda causa del alejamiento de Dios. Por lo tanto, muchos se han olvidado de la primera Gran Causa; El Autor de todo lo creado. Han tenido acceso a secretos haciendo que la existencia de Dios sea descuidada.

Inclusive entre los cristianos practicantes, a pesar de que haya mucha religión, hay muy poca piedad. Hay abundante formalismo externo, pero poco conocimiento interno de Dios, poca dependencia y vida con Él.

La triste verdad es que cuando usted entra a las casas de adoración, ciertamente escuchará el nombre de Dios mencionado, pero casi ni se dará cuenta de que existe la Trinidad. En muchos lugares dedicados al Señor, el nombre de Jesús es a menudo considerado algo secundario. El Espíritu Santo es prácticamente olvidado y se habla poco acerca de Su sagrada influencia.

En gran medida, aún los hombres religiosos se han tornado en irreligiosos en esta época. Necesitamos más prédicas acerca de Dios; más prédicas sobre aquéllas cosas que no se basan tanto en la persona que ha de ser salva sino en el Todopoderoso que debe ser exaltado.

Mi firme convicción es que veremos una mayor demostración del poder de Dios y una manifestación más gloriosa de Su poder en nuestras iglesias en la medida que consideremos más la sagrada Divinidad, el admirable Tres en Uno. Dios envíanos un ministerio que exalte a Cristo, un ministerio amante del Espíritu; hombres que proclamen el Espíritu Santo de Dios en todos Sus mandatos y exalten a Dios nuestro Salvador como el Autor y Consumador de nuestra fe. El hombre no debe pasar por alto al Gran Dios, el Padre de Su pueblo, que nos eligió a nosotros en Cristo Su Hijo, antes de todo lo creado. Nos justificó mediante Su justicia y inevitablemente nos preservará y unirá en la consumación de todas las cosas en el último gran día.

El tema de nuestro texto es el Espíritu Santo de Dios. Sea Su dulce influencia sobre nosotros. Los discípulos habían sido instruidos por Cristo respecto de ciertas doctrinas elementales, sin embargo Cristo no les enseñó a sus discípulos más de lo que nosotros llamaríamos el ABC de la religión. Él fundamenta Sus motivos de esta realidad en Juan 16:12: *"Tengo muchas cosas que deciros, pero ahora no las podéis sobrellevar"*.

Los discípulos de Jesús no poseían el Espíritu. En cuanto a la conversión sí lo tenían, pero no en cuanto a la brillante iluminación, la enseñanza profunda, la profecía e inspiración. Él dijo que enviaría al Consolador y que cuando viniera, los guiaría a la verdad. La misma promesa que les hizo a los apóstoles es dirigida a Sus Hijos. Al leer esto, la tomaremos como nuestra porción y herencia. No debemos considerarnos intrusos respecto a la propiedad de los apóstoles o a los derechos y privilegios exclusivos de ellos, ya que comprendemos que Jesús nos dijo: *"Pero cuando venga el Espíritu de verdad, él os guiará a toda verdad"* (Juan 16:13).

Al concentrarnos en el texto, detectamos cinco verdades. En primer lugar, se menciona una meta: el conocimiento de toda verdad. En segundo lugar, se sugiere una dificultad: necesitamos una guía hacia toda verdad. En tercer lugar, nos es provista una persona: el Espíritu vendrá y nos guiará a toda verdad. En cuarto lugar, se insinúa que: Él nos guiará a toda verdad. En quinto lugar, se da una señal respecto al obrar del Espíritu: podemos saber si Él obra por medio de Su guía hacia toda verdad (esto es una cosa- no *verdades* sino *verdad*).

Obtención de la Verdad

Se menciona la obtención de una meta. Esta es el conocimiento de toda verdad. Sabemos que algunas personas estiman el conocimiento doctrinal poco importante y de escasa utilidad. No comparto esta idea. Creo que la ciencia de la crucifixión de Cristo y el juicio de las enseñanzas bíblicas son sumamente valiosas. Es correcto que el ministerio cristiano no sólo debe ser dinámico sino también instructivo. No debe ser sólo un despertar sino una iluminación, y debe apelar tanto a las pasiones como al entendimiento. No creo que el conocimiento doctrinal sea secundario. Estimo que constituye una de las necesidades primarias en la vida cristiana; conocer la verdad y luego practicarla. Creo que es innecesario decirle cuán importante es para nosotros estar correctamente instruidos respecto al reino.

La naturaleza misma, una vez santificada por medio de la gracia, produce en nosotros un gran anhelo de conocer toda la verdad. El hombre natural se aparta e interfiere entremetiéndose con todo tipo de conocimiento. Dios ha colocado un instinto en el hombre por el que lo hace insatisfecho si no logra llegar al fondo del misterio. Nunca está contento hasta que haya descubierto los secretos. Lo que se denomina curiosidad es algo otorgado de parte de Dios. Nos impulsa a buscar el conocimiento de las cosas naturales.

La curiosidad, santificada por el Espíritu, también se halla en cuestiones referentes a la sabiduría y ciencia celestial. David dijo, *"Bendice, alma mía, a Jehová, y bendiga todo mi ser su santo nombre"* (Sal. 103:1). Si somos curiosos, debemos emplear la curiosidad y desarrollarla en una búsqueda tras la verdad. *"Todo mi ser"* santificado por el Espíritu debe desarrollarse. Verdaderamente el hombre cristiano siente un intenso anhelo de enterrar su ignorancia para recibir sabiduría. Si desea la sabiduría terrenal en su estado natural, ¿cuánto más ardiente es el deseo de descubrir, si fuere posible, los misterios sagrados de la Palabra de Dios? Un verdadero cristiano constantemente lee y escudriña las Escrituras para constatar las verdades cardinales más importantes.

No sólo debe desearse esto porque la naturaleza nos enseña, sino porque el conocimiento de toda verdad es esencial para nuestro bienestar. Calculo que muchas personas se han encontrado en aflicción durante su vida por el hecho de que no contaban con una visión clara de las verdades. Por ejemplo, muchas pobres almas bajo convicción, se encuentran angustiadas por mucho tiempo, pero si tuvieran a alguien que les instruyera acerca de la gran cuestión sobre la justificación no ocurriría lo mismo. Algunos creyentes se preocupan por no desviarse del camino, pero si conocieran en su alma el magnífico consuelo de que somos preservados por la gracia de Dios mediante la fe para salvación (1 Pedro 1), ya no se preocuparían por ello.

He encontrado algunas personas afligidas por el pecado imperdonable. Sin embargo, si Dios nos instruye en esa doctrina y nos muestra que ninguna conciencia despierta puede cometer aquel pecado, porque una vez cometido, Dios nos entrega a una conciencia cauterizada; nunca temeríamos después de ello, y toda la aflicción sería aliviada. Depende de esto, cuanto más usted conoce la verdad de Dios (todo lo demás siendo de igual importancia), más seguro estará como cristiano. Nada puede alumbrar más su camino que una clara comprensión de lo divino.

El Evangelio desfigurado que se predica con demasiada frecuencia es aquél que produce cristianos con rostros abatidos. Muéstreme la congregación cuyos rostros brillan de gozo y sus ojos se iluminan al sonido del Evangelio. Luego creeré que están recibiendo las propias palabras de Dios. En vez de rostros llenos de gozo, a menudo usted verá congregaciones llenas de melancolía cuyos rostros se asemejan a la amargura de las pobres criaturas tragando medicinas. Esto ocurre debido a que la Palabra hablada les horroriza por su legalismo en lugar de consolarlos mediante la gracia.

Amamos el Evangelio dinámico y creemos que toda verdad tiende a consolar al cristiano. Nuevamente, sostengo que la obtención del conocimiento de la verdad nos es útil en el mundo. No debemos ser egoístas. Siempre debemos considerar si esto o aquello será beneficioso para el prójimo. El conocimiento de toda verdad nos hará muy serviciales en este mundo. Seremos médicos con talento que saben tomar las pobres almas angustiadas, apartarlas, colocar el dedo sobre sus ojos y quitarles las escamas para que la luz del cielo pueda consolarlas. No habrá ninguna persona, no importa cuán peculiar ella sea, a quien nosotros no seamos capaces de hablarle y confortarla.

Aquél que conoce la verdad es habitualmente el hombre más útil. Un buen hermano presbiteriano me dijo el otro día, "Sé que Dios te bendijo en gran manera con la salvación de almas, pero es un hecho extraordinario que la mayoría de los hombres que conozco, casi sin excepción, han sido usados para la salvación de almas y han profesado las importantes doctrinas de la gracia de Dios". La mayoría de los hombres bendecidos por Dios con prosperidad en la iglesia, y todos los que han sufrido oposición han sido quienes se han tomado de la gracia gratuita en todo momento, mediante la salvación consumada de Cristo.

Una Dificultad Sugerida

Se sugiere una dificultad. Esta es que la verdad no es tan fácil de descubrir. Necesitamos una guía para que nos conduzca a toda verdad. No existe hombre nacido en este mundo que por naturaleza tenga la verdad en su corazón. No existe criatura desde la caída, que tenga conocimiento de la verdad innata y natural. Muchos filósofos han disputado si existe semejante cosa como las ideas innatas, pero no es provechoso discutir si en verdad existe o no la idea de la verdad. No existe.

Existen ideas acerca de lo erróneo y lo vil, pero en nuestra carne, no hay nada bueno. Somos nacidos con pecado y formados con iniquidad. Nuestras madres nos concibieron con pecado. No hay nada bueno en nosotros ni ninguna tendencia hacia la justicia. Entonces, ya que no somos concebidos con la verdad, tenemos la responsabilidad de buscarla. Si hemos de ser bendecidos siendo eminentemente útiles como cristianos, debemos estar correctamente instruidos en cuestiones de revelación. La dificultad es que no podemos seguir el camino sinuoso de la verdad sin una guía. ¿Por qué resulta esto así?

En primer lugar, es a causa de la gran complicación de la verdad. La verdad misma no es fácil de descubrir. Aquéllos que creen saberlo todo y que constantemente dogmatizan con el Espíritu: "Somos los hombres, y la sabiduría morirá con nosotros", por supuesto no hallan dificultades en el sistema que sostiene. No obstante, creo que el alumno más dedicado a las Escrituras hallará realidades en la Biblia que lo sorprenderán. Si la lee con suma seriedad, detectará algunos misterios demasiados profundos para comprender. Clamará: "Verdad, no puedo hallarte. No sé dónde encontrarte. Estás más allá de mí y no logro verte completamente."

La verdad es un camino tan estrecho que dos no pueden caminar juntos por él. Habitualmente transitamos el camino estrecho en una fila. No es común que dos hombres transiten tomados del brazo, unidos por la verdad. Compartimos la misma fe, pero no podemos caminar juntos por el camino porque es demasiado estrecho. El camino de la verdad es muy difícil. Si se desvía unos centímetros a la derecha, estará ante un grave error, y si se desvía un poco a la izquierda, quedará atascado. Por un lado habrá un enorme precipicio y del otro un profundo pantano. A menos que transite por el verdadero camino que es ancho como un cabello, se desviará. La verdad es un camino estrecho. El ojo del águila no lo ha visto y el buceador no lo ha hallado a causa de su inmensa profundidad.

La verdad es como el filón del metal en una mina. Es excesivamente fino y no tiene una capa homogénea. Si lo pierde una vez, puede cavar por kilómetros sin hallarlo nuevamente.

El ojo debe observar constantemente la dirección del camino de la verdad. Los granos de verdad son como los de oro en los ríos de Australia.

Deben sacudirse con paciencia y ser lavados en el arroyo de la honestidad, de otra forma el oro fino se mezclará con la arena. La verdad es a menudo confundida con el error y resulta difícil distinguirla. Sin embargo, se dice que alabamos a Dios: *"Pero cuando venga el Espíritu de verdad, él os guiará a toda verdad"* (Juan 16:13).

Otro motivo por el que necesitamos una guía es por el daño ocasionado mediante el error. Fácilmente nos sobreviene, y si me permite describir nuestra posición, a menudo nos hallamos en una tremenda niebla. Con dificultad vemos unos centímetros delante de nosotros. Llegamos a una encrucijada. Pensamos que conocemos el lugar. Está el conocido palo de luz y ahora debemos girar a la izquierda. Pero no es así. Debíamos haber seguido un poco por la derecha.

Hemos estado en el mismo lugar tantas veces que creemos conocer cada baldosa. Allí está la tienda de nuestro amigo. Está oscuro pero creemos que estamos acertados y durante todo el camino estuvimos extraviados y nos encontramos a kilómetros del camino.

Así ocurre con las cuestiones acerca de la verdad. Creemos estar transitando por el camino correcto y la voz del enemigo nos susurra: "Este es el camino, transita por él". Así lo hace y se encuentra que en vez de transitar por el camino de la verdad, transitó por el camino de la injusticia y doctrinas erróneas.

El camino de la vida es un laberinto. Las partes

más atractivas y fascinantes son las más lejos de la verdad. Las más tentadoras son aquéllas adornadas con verdades falsas. Creo que en el mundo no existe billete falsificado que sea tan genuino como el legítimo, sin embargo, algunos errores son tan parecidos a la verdad. Uno es de metal y el otro es oro puro. Pero, en lo externo, difieren muy poco.

Nosotros también necesitamos una guía porque solemos desviarnos. Si el camino al cielo fuere tan derecho como se lo imagina Bunyan, sin curvas a la derecha o a la izquierda, y sin duda lo es, tenderíamos a desviarnos. Podríamos irnos hacia la derecha hasta las Montañas de la Destrucción o hacia la izquierda hacia el oscuro Bosque de la Desolación. En Salmos 119:176, David dice: *"Yo anduve errante como oveja extraviada"*. Esto significa muchas veces. Porque si se coloca a una oveja en un campo veinte veces y si no se escapa veinte veces, es porque no puede. Probablemente el lugar está cercado y no halla una abertura.

Si la gracia no guiara al hombre, se desviaría; aunque hubiere señales a lo largo del camino hacia el cielo. Aunque las letras estuvieren escritas en negrita diciendo: "Este es el camino al refugio" aún se desviaría. El vengador de sangre lo tomaría si no lo hiciere algún guía, como lo hicieron los ángeles en Sodoma que pusieron las manos sobre el hombro de Lot y gritaron: *"Escapa por tu vida; no mires tras de ti, ni pares en toda esta llanura; escapa al monte, no sea que perezcas"* (Gn. 19:17). Estos son los motivos por los que necesitamos una guía.

Una Persona Provista

Nos es provista una persona. No es ningún otro que Dios y este Dios es una persona. Esta persona es *"Él, el Espíritu, el Espíritu de verdad"* no constituye una influencia sino una verdadera persona. *"Pero cuando venga el Espíritu de verdad; él os guiará a toda la verdad"* (Juan 16:13). Ahora, observe esta guía y considere cuán apto es Él.

En primer lugar, Él es infalible. Conoce todo y es imposible que nos haga desviar. Si cociera mi manga al saco de otro hombre, tal vez podrá guiarme correctamente parte del camino, pero en algún momento se equivocará y yo estaré errado en el camino. Pero si me entrego al Espíritu Santo y solicito Su guía, no tengo temor de extraviarme.

Nuevamente, nos regocijamos en el Espíritu porque Él es eterno. Por momentos caemos en dificultades y decimos: "¡Oh, si pudiera preguntarle esto a mi pastor, él lo explicaría! Pero, vive tan lejos que no puedo visitarlo". Esto nos sorprende, y escudriñamos el texto pero no podemos llegar a ninguna conclusión.

Consultamos los comentarios bíblicos, y al devoto Thomas Scott, como es sabido no hace ningún comentario al respecto si es un pasaje poco claro. Entonces consultamos al consagrado Matthew Henry, y si es un pasaje fácil seguramente lo explicará. Sin embargo, si fuere un texto difícil de comprender es muy probable que no sea comentado. Inclusive el mismo Dr. Gill, el más consistente de los comentaristas, en forma manifiesta, hasta cierto punto evita la explicación de los pasajes que presentan dificultades.

No hay comentarista ni ministro alguno que le iguale, aún contamos con el Espíritu Santo. Permítame contarle un pequeño secreto: Cuando no logra comprender determinado texto, abra su Biblia, arrodíllese y ore por ese texto. Si no se divide en átomos y se revela a sí mismo, intente nuevamente. Si la oración no puede darle una explicación, es una de las cosas que Dios no pretende que usted conozca, y puede estar contento de ignorarlo.

La oración es la clave que revela los misterios. La oración y la fe constituyen sagrados candados que revelan secretos y obtienen maravillosos tesoros. No hay escuela, cuando se trata de la educación santa, como la del bendito Espíritu, ya que Él es un eterno maestro. Sólo debemos doblar las rodillas y Él se pone a nuestro lado, el gran expositor de la verdad.

Sin embargo, existe algo acerca de la eficacia de esta guía que es extraordinario, y no sé si se ha dado cuenta; el Espíritu Santo puede guiarnos a una verdad. Entonces, el hombre puede guiarnos *"hacia"* una verdad, pero sólo el Espíritu Santo puede guiarnos *"a"* la verdad. Juan 16:13 dice, *"a"*. Resalte esa palabra.

Lleva tiempo guiar a una persona hacia la

elección de fe pero, una vez que triunfó en hacerle ver la verdad, aún usted no logró llevarlos *"a"* la verdad. Puede mostrarles lo que simplemente se afirma en las Escrituras, pero le darán sus espaldas y lo detestarán. Les revela otra gran verdad, pero se han criado de otro modo y no pueden contestar sus argumentos. Dicen: "Quizá el hombre esté acertado", susurran tan bajo que ni la conciencia puede oírlo; "Es contrario a mis prejuicios, no puedo aceptarlo". Después de que los haya guiado hacia la verdad y comprendan que hay verdad en ello, cuán difícil es guiarlos *"a"* la verdad.

Muchos de mis oidores que son guiados *"hacia"* la realidad de su depravación, sin embargo no son llevados *"a"* ella y no la sienten. A algunos de ustedes se les presenta la verdad que Dios nos ofrece diariamente. Sin embargo, no se comprometen con ella para vivirla en una dependencia continua del Espíritu Santo de Dios para recibir de Él. Métase en ella.

Un cristiano debe caminar en la verdad así como camina un caracol con su caparazón, habita en él además de cargarlo sobre sus hombros. Se dice que el Espíritu Santo nos guiaría a toda verdad. Usted puede ser llevado a una cámara donde se encuentra abundante oro y plata, pero no se hará más rico, a menos que logre ingresar. Es obra del Espíritu Santo abrir la gran puerta y llevarnos a la verdad para que nos metamos en ella. El querido Rowland Hill expresó: "No sólo tómese de la verdad sino deje también que la verdad lo tome a usted".

Un Método Sugerido

Se sugiere un método: *"Él os guiará a toda verdad"* (Juan 16:13). Es necesario ilustrarlo. Debo hacer una comparación entre la verdad y una caverna o gruta de la que usted ya ha oído. Sus maravillosas estalactitas cuelgan y otras nacen del suelo. Es una caverna que brilla y abunda en maravillas. Antes de ingresar a la caverna usted pide un guía. Él viene con su antorcha ardiente y lo guía hacia las profundidades. Se encuentra en medio de ella y el guía lo lleva a las distintas cámaras. Por aquí le señala un pequeño arroyo que nace de las rocas. Estas permiten indicar el estado del arroyo. Luego le señala una roca extraña y le dice cuál es su nombre. Luego lo lleva a un inmenso lugar natural y le cuenta acerca de cuántas personas se reunieron allí con motivo de hacer un festejo, y así continuó.

La verdad es una extensa serie de cavernas, y es glorioso tener un Conductor tan sabio y admirable. Imagínese que estamos llegando a la parte oscura de la caverna. Él es luz en medio de nosotros y sirve como nuestra guía. Por medio de la luz, Él nos muestra cosas maravillosas.

El Espíritu Santo nos instruye en tres maneras: sugerencia, dirección e iluminación. Primero, Él nos guía a toda verdad mediante sugerencias. Hay pensamientos que moran en nuestras mentes aunque no hayan nacido allí sino que son distinguidos, descendidos del cielo y colocadas por el Espíritu. No es nuestra imaginación cuando los ángeles susurran al oído o los demonios mismos.

Tanto los buenos espíritus como los malignos conversan con el hombre y algunos de nosotros hemos experimentado esto. Hemos tenido pensamientos extraños que no eran fruto de nuestras almas sino que descendieron de las visitas angelicales. Las tentaciones directas e insinuaciones malignas también aparecieron a pesar de que no fueron tramadas en nuestras propias almas sino que descendieron de las pestilencias del infierno. A menudo vienen durante la oscuridad de la noche. En el pasado, Él hablaba en sueños y visiones, pero ahora Él habla por medio de Su Palabra.

¿Ha tenido usted algún pensamiento respecto a Dios y las cosas celestiales en medio de sus asuntos, y no pudo saber de dónde venía? ¿No ha leído o estudiado las Escrituras cuando un texto vino a su mente? No pudo evitarlo, pero aunque intentó borrarlo, era como un corcho en el agua y subía a su mente otra vez. Ese buen pensamiento fue colocado allí por el Espíritu. Él guía a su pueblo a toda verdad mediante *sugerencias* así como lo hace el guía en la caverna con su antorcha. El guía no articula palabra alguna, tal vez, pero él camina y usted lo sigue. Entonces, el Espíritu sugiere un pensamiento y su corazón lo sigue.

Recuerdo con claridad la manera en que aprendí las doctrinas de la gracia en un instante.

Nacidos como todos, por naturaleza armenio, aún creía las cosas antiguas que continuamente oía desde el púlpito y no veía la gracia de Dios. Recuerdo haberme sentado en la casa de Dios un día y haber escuchado un sermón que era sumamente vacío y tan inútil como sermones parecidos a éste. Un pensamiento golpeó mi mente: "¿Cómo me convertí?", yo oraba. Luego pensé: "¿Cómo inicié la vida de oración?" Fui llevado a la oración mediante la lectura de las Escrituras. "¿Cómo llegué a leer las Escrituras?" Y en un momento, vi que Dios estaba a cargo del asunto y que Él es el Autor de la fe. Fue allí cuando toda la doctrina me fue revelada de la cual no me he desviado.

Sin embargo, Él nos lleva adelante mediante su guía. El guía señala y dice: "Señores, vayan por esta senda. Ese es el camino". De la misma manera el Espíritu nos dirige y da tendencia a nuestros pensamientos. Él no sugiere un nuevo camino, sino que permite que un determinado pensamiento, una vez adoptado, tome ésta o aquélla dirección. Se ocupa más de gobernar el barco que de colocarlo en el río. Cuando tenemos pensamientos de lo sagrado, Él nos guía por un canal mejor que aquél donde habíamos comenzado.

Vez tras vez usted meditó sobre determinada doctrina, e innumerables veces fue guiado hacia otra. Observó cómo una doctrina se apoyaba en otra, como es el caso de las piedras en el arco de un puente, todas colgando de la piedra angular que es

Jesucristo crucificado. Fue iluminado para ver estas cosas no por medio de una nueva idea sugerida sino mediante la dirección que Dios da a sus pensamientos.

Quizá la mejor manera en que el Espíritu Santo nos guía a toda verdad es mediante la *iluminación*. Él ilumina las Escrituras. Ahora, ¿habrá alguien que tiene su Biblia iluminada? "No", dice uno, "tengo una Biblia de cuero". Otro dice: "Tengo una Biblia con referencias". Muy bien, ¿pero tiene usted una Biblia iluminada? "Sí", dice otro. "Tengo un Biblia grande con ilustraciones. Tiene una ilustración de Juan el Bautista bautizando a Cristo con agua en su frente". Hay otras cosas absurdas también, pero yo no hablo de eso cuando me refiero a "Biblia iluminada". Otro dice: "Tengo una Biblia con grabados espléndidos". "Sé que la tiene, ¿pero tiene usted una Biblia iluminada?" Finalmente, alguien dice: "No comprendo a qué se refiere". El hombre cristiano posee una Biblia iluminada. Cuando la compra no está iluminada, pero al leerla:

Una gloria hace resplandecer
  la sagrada página
Majestuosa como el sol;
  Que ilumina cada época,
Ella da pero no pide prestado nada.

No hay nada mejor que leer una Biblia iluminada. Puede leerla hasta la eternidad y nunca aprender nada de ella, a menos que esté iluminada por el Espíritu. Luego, las palabras resaltan como estrellas. El libro parece ser hecho de hojas de oro. Cada letra brilla como un diamante. ¡Oh, es una bendición leer una Biblia iluminada por el resplandor del Espíritu Santo!

¿Ha usted leído y estudiado la Biblia sólo para darse cuenta de que sus ojos aún no fueron iluminados? Vaya y diga: "Oh Señor, ilumina la Biblia para mí. Anhelo tener una Biblia interpretada. Ilumínala, y resplandece sobre ella porque no puedo sacarle provecho a menos que tú me ilumines".

Los ciegos pueden leer la Biblia con sus dedos, pero las almas ciegas no pueden hacerlo. Queremos una luz para leer la Biblia, porque no se puede leerla a oscuras. Entonces, el Espíritu Santo nos guía a toda verdad sugiriendo ideas, dirigiendo nuestros pensamientos, e iluminando las Escrituras cuando la leemos.

Una Evidencia

La pregunta surge: "¿Cómo puedo saber si estoy iluminado por la influencia del Espíritu y guiado a toda verdad?". En primer lugar, usted puede reconocer la influencia del Espíritu por medio de la *unidad*. Él nos guía a toda verdad. En segundo lugar, puede reconocer su influencia por su *universalidad*. Él nos guía a *toda* verdad.

Respecto a la unidad, cuando usted evalúa a

un ministro para detectar si tiene al Espíritu Santo o no, puede saberlo primero por medio de la constante unidad en su testimonio. Un hombre no puede ser iluminado por el Espíritu Santo si en ciertas ocasiones dice sí y en otras dice no. El Espíritu jamás se contradice. Ciertamente, existen buenos hombres que no mantienen una postura, pero los testimonios contrarios no proceden del Espíritu de Dios. El Espíritu no puede ser testigo de lo blanco y lo negro, de la mentira y la verdad.

Siempre se estableció como primer principio que la verdad es *una* cosa. Algunas personas dicen: "Encuentro determinada interpretación en la Biblia y algo diferente en otra parte de la misma, pero aunque se contradice, debo creerlo". Está acertado hermano si se contradijera, pero la culpa no es de la madera sino del carpintero. Así como muchos carpinteros no conocen el ensamble a cola de milano, lo mismo ocurre con muchos predicadores que tampoco conocen ciertas cosas. Es un trabajo muy bello, sin embargo no se aprende con facilidad. Se requiere aprendizaje para que toda doctrina sea homogénea.

Mediante la universalidad, también usted sabrá si es guiado por la influencia del Espíritu y llevado a toda verdad. El verdadero hijo de Dios no será inducido a parte de la verdad sino a toda la verdad. Cuando tome los primeros pasos, conocerá toda la verdad. La creerá, a pesar de que no la comprenderá en la totalidad de su ancho y largo.

No existe nada mejor que aprender a través

de la experiencia. Un hombre no puede transformarse en teólogo en una semana. Se requieren años para que ciertas doctrinas sean desarrolladas. Así como el aloe tarda cien años para alcanzar a su estado óptimo, algunas verdades deben morar en el corazón antes de que surjan y se hagan visibles, para luego poder hablar acerca de aquello que conocemos y testificar de aquello que ya vimos.

Paulatinamente, el Espíritu nos llevará a toda verdad. Por ejemplo, si Jesucristo ha de reinar personalmente en la tierra durante mil años, como creo yo, si estoy sometido al Espíritu, la revelación será cada vez mayor hasta el punto de declararla con confianza. Algunos hombres comienzan sus declaraciones con timidez. Al principio, el hombre dice: “Sé que somos justificados por fe y estoy en paz con Dios, sin embargo muchos hombres han hablado en contra de la justificación eterna y por eso tengo temor”. No obstante, es iluminado e inducido paulatinamente a comprender que cuando todas sus deudas fueron pagas, hubo una eximición total. Reconoce que cuando sus pecados fueron quitados, toda alma elegida fue justificada en la mente de Dios aunque no estuvieren justificados en sus propias mentes aún. El Espíritu los guiará a toda verdad.

Ahora, ¿Qué se puede deducir de la gran doctrina? La primera deducción es referente al cristiano que teme su propia ignorancia. Hay muchos que fueron iluminados y han gustado las cosas celestiales, pero se consideran demasiado ignorantes para recibir la salvación. El Espíritu Santo es capaz de enseñarle a cualquier persona, sin considerar el grado de analfabetismo o la escasa educación que pudiera tener.

Conozco a hombres que eran necios antes de su conversión, pero que luego lograron desarrollar sus facultades. Hace tiempo, conocí a un hombre ignorante que no sabía leer y jamás utilizaba las estructuras gramaticales correctas, a menos que fuera por equivocación. Además, lo catalogaban, según la gente de su vecindad, de "tonto". Sin embargo, una vez convertido, lo primero que hizo fue orar. Tatareó algunas palabras y en poco tiempo su hablar comenzó a desarrollarse. Luego, se le ocurrió leer las Escrituras. Después de largos, largos meses de esfuerzo, aprendió a leer. ¿Qué sucedió luego? Pensó que podría predicar, y predicó en su propio hogar de modo muy simple. Pensó: "Debo leer más libros". Así lo hizo y su mente se desarrolló, él se convirtió en un ministro útil, se radicó en pueblo y trabajó para Dios.

No se requiere de mucho intelecto para aprender acerca de Dios. Si se siente ignorante, no se desespere. Acuda al Espíritu, el gran Maestro, y clame por Su sagrada influencia. Ocurrirá que, *"Él os guiará a toda verdad"* (Juan 16:13).

Cuando nuestros hermanos no comprenden la verdad, debemos emplear algunas pautas para tratar con ellos de la mejor manera. No discuta con ellos. He oído acerca de muchos altercados, pero no conocí ninguno que haya resultado favorable. Pocos hombres aprenden algo por medio de pleitos. El siguiente principio es certero: "Un hombre convencido contra su voluntad aún es de la misma opinión". Ore por ellos para que el Espíritu los guíe *"a toda verdad"*. No se enfade con su hermano sino ore por él. Clame: "Señor, abre sus ojos para que pueda contemplar cosas maravillosas de tu ley".

Por último, algunos de ustedes no conocen nada acerca del tema del Espíritu de la verdad ni de la verdad misma. Puede ser que algunos digan: "No nos preocupamos en averiguar quién está acertado. Somos indiferentes a ello". Pobre pecador, si conociera el don de Dios y quién es el que habla la verdad, no diría: "No me interesa". Si supiera cuán esencial es la verdad para la salvación, no hablaría de ese modo. La verdad de Dios es que usted es un pobre pecador que debe creer que el Dios de toda la eternidad, además de todos sus méritos, lo amó y lo compró con la sangre del Redentor. Él lo justificó en el tribunal celestial y lo justificará en su conciencia mediante el Espíritu Santo, por fe. Si creyera que hay un cielo y una corona para usted más allá del fracaso, que no puede ser removida, entonces diría: "Seguramente la verdad es preciosa para mi alma".

Algunos hombres falibles desean suprimir la verdad que sólo puede salvarlos, el único Evangelio que puede librarlos del infierno. Ellos niegan las grandes verdades de la gracia; aquéllas doctrinas fundamentales que por sí mismas pueden arrebatar a un pecador del infierno. Aunque no sienta interés por ello ahora, aún creo que debe anhelar que la verdad sea promovida. ¡Dios lo haga conocer la verdad en su corazón! Que el Espíritu *"os guíe a toda verdad"* (Juan 16:13). Si no conoce la verdad aquí, la conocerá en las oscuras cámaras del infierno donde la única luz que habrá serán llamas. ¡Conozca la verdad aquí!.

"La verdad os hará libre" (Juan 8:32), y *"...si el Hijo os libertare seréis verdaderamente libres"* (Juan 8:36), porque Él dice: *"Yo soy el camino, la verdad y la vida"* (Juan 14:6). Gran pecador, crea en Jesús. Confíe en Su amor y misericordia, y será salvo, porque el Espíritu de Dios da fe y vida eterna.

4

La Obra del Espíritu Santo

"Voz que decía: Da voces. Y yo respondí: ¿Qué tengo que decir a voces? que toda carne es hierba, y toda su gloria como flor del campo. La hierba se seca, y la flor se marchita, porque el viento de Jehová sopló en ella; ciertamente como hierba es el pueblo. Sécase la hierba, marchítase la flor; mas la Palabra de Dios nuestro permanece para siempre."

—Isaías 40:6-8

"Siendo renacidos, no de simiente corruptible, sino de incorruptible, por la palabra de Dios que vive y permanece para siempre. Porque: toda carne es como hierba, y toda la gloria del hombre como flor de la hierba. La hierba se seca y la flor se cae; mas la palabra del Señor permanece para siempre. Y ésta es la palabra que por el evangelio os ha sido anunciada."

—1 Pedro 1:23-25

El pasaje de Isaías sirve como una elocuente descripción de nuestra mortalidad. Si se predicare un sermón acerca de la fragilidad de la naturaleza humana, la brevedad de la vida, y la certeza de la muerte, nadie discutiría la exactitud del texto. Pero, yo me atrevo a cuestionar si ese tipo de discurso afecta la enseñanza central del profeta.

Se refiere a algo más que la descomposición de nuestra carne aquí en la tierra. Cuando el Espíritu Santo hizo que proclamara esas palabras, se refería a la mente carnal, la carne en otro sentido. Según el contexto, me parece que la mera expresión de la mortalidad de nuestra raza fue innecesaria. No sería compatible con las sublimes revelaciones que la rodean y en cierto modo sería divagar del tema tratado.

La creencia que se nos recuerda aquí, nuestra mortalidad, no coincide con la exposición del Nuevo Testamento en el libro de Pedro, citado anteriormente. Hay un significado más espiritual aquí además de aquél contenido en la gran y obvia verdad: todos debemos morir.

Lea el capítulo de Isaías con cuidado. ¿Cuál es el tema tratado? El divino consuelo de Sión. Sión había sufrido conflictos. Había jugado con el pecado. El Señor, para sanar todo dolor, hizo anunciar la venida del esperado Libertador, el fin y consumación de toda guerra, y el perdón de su iniquidad. No cabe duda de que éste es el tema de la profecía, ni tampoco hay interrogantes acerca del siguiente punto.

Éste versa sobre el anuncio de Isaías acerca de la venida de Juan el Bautista. No hay dificultad alguna respecto a la explicación del pasaje:

> *"Voz que clama en el desierto: Preparad camino a Jehová; enderezad calzada en la soledad a nuestro Dios."* (Isaías 40:3)

El Nuevo Testamento se refiere a Juan el Bautista y su ministerio una y otra vez. El propósito de la venida de Juan el Bautista y de la misión del Mesías, de quien Él habló, era manifestación de la gloria divina.

Observe Isaías 40:5: *"Y se manifestará la gloria de Jehová, y toda carne juntamente la verá; porque la boca de Jehová ha hablado"*. ¿Cómo sigue? ¿Fue necesario mencionar la mortalidad del hombre en esta conexión? Creo que no. Sin embargo, los versículos son más precisos si encontramos su significado más profundo. ¿No se refieren a esto?

A fin de hacer lugar a la manifestación de la gloria divina en Cristo Jesús y a Su salvación, la vanagloria del hombre debe menguar. Se debe considerar la naturaleza de la carne como cosa corrupta y mortal para que la gracia de Dios sea exaltada. Esto se vería primero durante el ministerio de Juan el Bautista y debía ser la obra preparatoria del Espíritu Santo en el corazón del hombre, en todo momento, a fin de que la gloria de Dios sea revelada y el orgullo humano desechado para siempre.

El Espíritu sopla sobre la carne, y aquello que parece fuerte se torna débil. Aquello que lucía bien en realidad está afectado por el pecado y la verdadera naturaleza de la carne es descubierta. Su engaño es revelado y su poder destruido. Hay lugar para la dispensación de la Palabra y el gobierno del Gran Cordero cuyas palabras son espíritu y vida (Juan 6:36).

La preparación para la siembra mediante la cual se alcanza la salvación, hace que el hombre mengüe por la obra del Espíritu. El menguar antes de la siembra fue maravillosamente llevado a cabo en las predicaciones de Juan el Bautista. Correctamente, llevó adelante su ministerio en el desierto, había un desierto espiritual que lo rodeaba. *"Voz que clama en el desierto"* (Isaías 40:3). No fue su responsabilidad plantar. Su tarea era podar.

La religión carnal de los judíos en ese momento estaba en auge. El fariseísmo recorría las calles en toda su magnificencia. Los hombres complacidos descansaban en ceremonias al aire libre y la espiritualidad estaba en deplorable condición. Se hallaban pocas personas como Simeón y Ana, y en su mayoría la espiritualidad era desconocida. Decían en sus corazones: *"A Abraham tenemos por padre, y esto nos basta"* (Mateo 3:9). Qué alboroto cuando llamó a los Fariseos, "generación de víboras" y les dijo: *"Arrepentíos porque el reino de los cielos se ha acercado"* (Mateo 3:2). Cómo conmovió a la nación con la declaración, *"Y ya también el hacha está puesta a la raíz de los árboles"* (Mt. 3:10). Terco como Elías, su labor era nivelar las montañas y derribar toda imaginación altiva.

La palabra arrepentíos era como viento recio para el follaje del fariseísmo. Era una explosión mortal para la confianza de lo ceremonioso. Los alimentos y la vestimenta demandaban ayuno y gemido. Lo externo de su ministerio declaraba la muerte que predicaba, mientras que bautizaba en las aguas del Jordán a aquéllos que venían a él. Este era el significado del emblema que presentó a las multitudes. Su obrar típico era tan profundo en sus enseñanzas, como lo fue en sus palabras. Además, les advirtió de un bautismo del Espíritu Santo aún más escudriñador y exasperante, de un fuego y de la venida de Aquél "cuyo aventador está en su mano, y limpiará su era; y recogerá su trigo en el granero" (Mateo 3:12). El Espíritu en Juan el Bautista sopló como el fuerte viento del norte, escrutiñador y haciendo menguar. Lo convirtió en destructor de la vanagloria de la religión carnal. Esto aconteció a fin de que la fe espiritual se establezca.

Cuando nuestro Señor apareció, llegó a una tierra seca cuyas glorias se habían apartado. El vástago del pobre Isaías estaba pelado, y el Señor era la rama que creció de su raíz. El cetro había sido quitado de Judá y el legislador de entre sus pies, cuando vino Siloh (Gn. 9:10). Un extraño se sentó sobre el trono de David, y los romanos reclamaron la tierra del pacto. La lámpara de la profecía apenas ardía, si es que no se apagó del todo. Ninguno semejante a Isaías había estado allí para consolarlos, ni un Jeremías para lamentar el abandono de su fe.

La completa economía del Judaísmo era como vestiduras rotas. Se habían tornado viejas y estaba a punto de desvanecerse. El sacerdocio carecía de una organización. Lucas nos dice que Ananías y Caifás eran sacerdotes de alto rango aquél año; dos en un año o en un mismo momento; un extraño olvido de la ley de Moisés. Toda la dispensación que se reunía ante el visible o como lo denominaba Pablo, *"santuario terrenal"* (He. 9:1) estaba desvaneciéndose.

Terminada la obra del Señor, el velo del templo se rasgó en dos, se abolieron los sacrificios, el sacerdocio de Aarón fue dejado de lado y las doctrinas carnales fueron derogadas ya que el Espíritu revelaba lo espiritual. Cuando Él vino, fue constituido sacerdote, *"no constituido conforme a la ley del mandamiento acerca de la descendencia, sino según el poder de la vida indestructible* (He. 7:16), había *"abrogado el mandamiento anterior a causa de su debilidad e ineficacia"* (He. 7:18).

Estos son los hechos de la historia, pero no puedo explayarme. Estoy llegando a los testimonios personales, a la experiencia de todo hijo de Dios. En cada uno de nosotros, todo lo carnal, a medida que lo veamos como hierba, debe secarse y su hermosura debe ser destruida.

El Espíritu de Dios, como el viento, debe pasar por el campo de nuestras almas y hacer que nuestra belleza sea como una flor que se marchita. Él debe convencernos de pecado y revelarnos a nosotros mismos para que finalmente veamos que la carne no se beneficia en nada. Nuestra naturaleza caída es la corrupción misma, *"Y los que viven según la carne no pueden agradar a Dios"* (Ro. 8:8). La sentencia de muerte que estaba sobre nuestra previa vida legal y carnal, debe ser dada a entender, para que la semilla corruptible de la Palabra de Dios, implantada por el Espíritu Santo pueda habitar y permanecer en nosotros para siempre. La obra que hace menguar al hombre está siempre seguida de la obra de la siembra.

Haciendo que lo Carnal se Desvanezca

La obra del Espíritu Santo en el alma del hombre para que lo carnal mengue es muy inesperada. Observará en las Escrituras que aún Isaías decía: *"¿Qué tengo que decir a voces?"* (Is. 40:6), siendo sin duda un hombre instruido por Dios. Tampoco él sabía que primero, debe existir una experiencia preliminar de visitación para que el pueblo de Dios reciba consuelo. Muchos predicadores del Evangelio se han olvidado, *"De manera que la ley ha sido nuestro ayo, para llevarnos a Cristo, a fin de que fuésemos justificados por la fe"* (Gá. 3:24). Ellos sembraron en tierra sin frutos e infértil y se olvidaron que el arado deben quebrar los terrones (Oseas 10:11). Hemos sembrado demasiado sin la aguja penetrante del poder convencedor del Espíritu.

Los predicadores han intentado presentar al precioso Jesús, a los que creen tener abundancia de bienes materiales. Es trabajo en vano. Nuestro deber es predicar a Jesús a los pecadores complacientes también, pero seguramente nunca han de aceptar a Jesús mientras sean altivos. Sólo un enfermo da la bienvenida al médico. Es obra del Espíritu de Dios convencer al hombre de pecado, y a menos que estén convencidos de ello, nunca serán llevados a buscar la justicia que Dios ofrece mediante Jesucristo.

Sostengo que la verdadera obra de gracia en el corazón, comienza con la humillación. El Espíritu Santo no construye sobre los antiguos fundamentos. Dios no edifica sobre la madera, la paja, y el rastrojo. Él viene como el fuego y quema los ídolos orgullosos de la naturaleza. Rompe toda estructura, toda lanza y quema nuestros carros con Su fuego. Cuando todo fundamento de arena es derribado, no antes, él colocará en nuestras almas el precioso fundamento de piedra, que Dios eligió.

¿No comprende qué es sabiduría divina que usted sea limpiado antes de ser vestido? ¿Usaría la radiante y blanca justicia de Cristo por fuera y ocultarías sus vestiduras sucias por dentro? No deben ser usadas. Ni un sólo hilo de sus vestiduras debe permanecer. Dios no puede purificarlo sin antes haberle mostrado su contaminación, de lo contrario, no daría valor a la preciosa *"sangre de Jesucristo su Hijo que nos limpia de todo pecado"* (1 Juan 1:7), si primero no experimentase quebrantamiento por su impureza.

La obra convincente del Espíritu, donde quiera que se manifieste, es inesperada y sorprendente, inclusive para un hijo de Dios en quien el proceso aún debe continuarse. Comenzamos a construir aquello que el Espíritu de Dios destruyó. Habiendo comenzado en el Espíritu, actuamos como si debemos ser perfeccionados en la carne, entonces cuando nuestro crecimiento equívoco tiene que ser nivelado a la altura de la tierra, estamos tan atónitos como cuando la primera venda fue quitada de nuestros ojos. Newton se hallaba en una situación parecida cuando escribió:

> Le pedí al Señor que pudiera crecer en fe
> y amor y toda gracia,
> Conocer más acerca de su salvación,
> y buscar con más seriedad su rostro.
>
> Fue Él quien me enseñó a orar,
> y confío que Él ha contestado mis
> oraciones; pero lo hizo de tal manera
> que me ha llevado a la desesperación.
>
> Deseaba que en algún momento favorable,
> contestara inmediatamente mi petición,
> por el poder de contención de su amor
> subyugaría mis pecados, y me daría reposo.

En lugar de esto, Él me hizo sentir las
maldades ocultas de mi corazón; y permitió
que las vengadoras fuerzas del infierno
se lanzaren sobre mi alma.

Ay, no se maraville, porque el Señor está acostumbrado a responder a su pueblo. La voz que dice: *"Consolaos, consolaos, pueblo mío"* (Isaías 40:1), cumple el propósito primero haciéndoles oír el clamor: *"Que toda carne es hierba, y toda su gloria como flor del campo"* (Isaías 40:6).

Si estudiásemos bien los caminos de Dios, no nos sorprenderíamos al ver que Él comienza revelándoles a Su pueblo las cosas terribles antes de la revelación de la justicia.

Contemple el método de la creación. No haré referencia a ninguna teoría dogmática de geología, pero existe una alta probabilidad de que este mundo haya sido creado y destruido en muchas ocasiones antes de que se haya creado para la ocupación humana. *"En el principio Dios creó los cielos y la tierra"* (Gn. 1:1). Luego hubo un intervalo y finalmente en el momento establecido, durante siete días, el Señor preparó la tierra para la raza humana.

Considere el estado de las cosas cuando el Gran Arquitecto comenzó Su obra. ¿Qué había en el principio? Originalmente, nada. Cuando Él ordenó la tierra, ¿Cómo ocurrió?, *"La tierra estaba desordenada y vacía, y las tinieblas estaban sobre la faz del abismo"* (Gn. 1:2). No hubo indicio de que existió otro plan que interfiriera con el Gran Arquitecto. "*¿A quién pidió consejo para ser avisado? ¿Quién le enseñó el camino del juicio, o le enseñó ciencia, o le mostró la senda de la prudencia?*" (Isaías 40:14).

No fue provisto de columnas ni pilares para la construcción del templo que tenía proyectado. La tierra estaba como dicen los hebreos: tohu y bohu, en un estado de desorden y confusión o caos. Lo mismo ocurre con la nueva creación. Cuando el Señor nos crea, no pide prestado nada del viejo hombre, sino hace todas las cosas nuevas. No repara ni agrega una habitación nueva a la casa antigua de nuestra naturaleza depravada, sino que construye un nuevo templo para Su propia alabanza. En términos espirituales estamos vacíos y sin forma. La oscuridad mora en nuestros corazones y Su Palabra nos alcanza diciendo, "*Sea la luz*" (Gn. 1:3), y aparece la luz antes de la vida abundante y toda cosa preciosa.

Observe otro ejemplo de los caminos de Dios. Cuando el hombre cae, ¿en qué momento el Señor lo lleva a la Palabra? El primer susurro fue: "*Y pondré enemistad entre ti y la mujer, y entre tu simiente y la simiente suya; ésta te herirá en la cabeza, y tú le herirás en el calcañar*" (Gn. 3:15). Ese susurro llegó al hombre cuando él se estremecía ante la presencia de Su Creador, no teniendo excusas, sino condenado culpable ante el Señor. ¿Cuándo vistió Dios a nuestros padres? No lo hizo hasta que primero no formuló la pregunta: "*¿Quién* *te enseñó que estabas desnudo?"* (Gn. 3:11). Después de que las hojas de higuera habían fallado, el Señor los envolvió con la piel del sacrificio.

Si meditare sobre el obrar de Dios respecto al hombre, de manera reiterada, observará lo mismo. Dios nos dio una salvación maravillosa en el arca de Noé, sin embargo Noé fue salvado en esa arca en cuanto a la muerte. Él estaba con vida pero encerrado en una tumba, todo el mundo fue entregado a la destrucción. Según Noé, toda esperanza se había disipado, pero el arca anduvo por las aguas.

Recuerda la redención de los niños israelitas en la tierra de Egipto. Aconteció que cuando se hallaron en la situación más triste, su clamor llegó hasta el cielo a causa de su esclavitud. No había nadie que llevase salvación hasta que el Señor rescató a Su pueblo con mano fuerte y brazo extendido. El hombre debe ser humillado y sentirse desesperanzado antes de que le alcance la salvación.

Como aconteció en las afueras de los Estados Unidos antes de la agricultura, la urbanización, el arte de la civilización y las actividades comerciales, el hacha debió cortar y traspasar los árboles. Las raíces deben ser quemadas. Se interrumpe el antiguo reinado de la naturaleza porque lo viejo debe desaparecer para que surja lo nuevo. El Señor quita lo primero para establecer lo segundo.

El primer cielo y la primera tierra deben desaparecer sino no habría un nuevo cielo y una nueva tierra. Ahora, así como ocurrió por fuera lo mismo debe ocurrir por dentro. Cuando nuestras almas menguan y dejan de ocupar el primer lugar, sólo debemos decir: *"Jehová es; haga lo que bien le pareciere"* (1 Sa. 3:18).

Las Escrituras constatan que el menguar acontece en todo el universo en los corazones de aquellos en quienes el Espíritu obra. ¿A qué se refiere con menguar? ¿Menguar respecto a la carne o a las tendencias de la misma? No. Observe: *"Que toda carne es hierba, toda su gloria como flor del campo"* (Isaías 40:6). ¿Qué ocurre con la hierba? ¿Tiene vida? *"La hierba se seca"* (Isaías 40:7). Toda. ¿La flor no vivirá? ¿Cosa tan frágil no es inmortal? No. Se marchita. Se muere.

Entonces, cuando el Espíritu de Dios sopla en el alma del hombre, todo lo carnal debe secarse. Está comprobado que la mente carnal significa muerte. Por supuesto, todos sabemos y confesamos que cuando hay una obra de gracia, debe haber una aniquilación de los placeres de la carne. Cuando el Espíritu de Dios sopla en nosotros, aquello que era dulce se torna amargo, y lo radiante se torna opaco. El hombre no puede amar el pecado y además poseer la vida de Dios. Si encuentra placer en los entretenimientos carnales del pasado, todavía no cambió. Piensa en lo carnal y por lo tanto, busca la carne entonces morirá. El mundo y la lujuria son tan bellos como el campo en primavera para el pecador, sin embargo, para el alma renovada son salvajes e inhóspitos.

De aquéllas cosas que disfrutábamos ahora

decimos: *"Vanidad de vanidades, dice el predicador; todo es vanidad"* (Ec. 12:8). Clamamos para que Dios nos libre de los entretenimientos venenosos del mundo. Los detestamos y pensamos: ¿Cómo pudimos disfrutarlos alguna vez? ¿Sabe lo que significa esto? ¿Has visto cómo la lujuria y los placeres de la carne desaparecieron ante sus mismos ojos? Esto debe ocurrir, de lo contrario, el Espíritu de Dios no ha visitado su alma.

Cuando el Espíritu de Dios desciende, destruye la carne. Nuestra complacencia juntamente con el pecado, desvanece. Antes que venga el Espíritu nos creemos los mejores. Decimos: "He guardado todos los mandamientos desde pequeño", y hemos preguntado con arrogancia: "¿Qué nos hace falta? ¿No hemos sido éticos? ¿No hemos sido religiosos?". Confesamos que quizá hayamos cometido errores, pero creemos que son perdonables. En nuestro vil orgullo imaginamos que no somos tan malos como indica la Palabra de Dios. Cuando el Espíritu sopla en lo atractivo de nuestra carne, su belleza se marchitará como una flor, y tendrá otra opinión de usted mismo. No hallará entonces un lenguaje lo suficientemente severo para describir su carácter anterior. Al analizar sus motivos y aquello que lo movilizó, verá tanta maldad que llorará junto el recaudador de impuestos: *"Dios, sé propicio a mí, pecador"* (Lucas 18:13).

Aunque el Espíritu hizo que nuestra autocomplacencia se aplacare, todavía no ha completado Su obra. Todavía debe destruir mucho más. Junto con todo lo demás, nuestro poder de decisión debe desaparecer también. Muchas personas creen que pueden recurrir a Dios cuando ellos deciden. Uno dice: "Soy un hombre con tanta fortaleza mental que si decidiera convertirme en religioso, podría lograrlo sin dificultad alguna". Otro espíritu fugaz dice: "Creo que algunos de estos días podré corregir los errores del pasado y comenzar una nueva vida". Estas decisiones de la carne son lindas flores, pero deben marchitarse. Aún cuando el Espíritu de Dios nos visita, nos damos cuenta de que no actuamos como debiésemos. Hallamos que nuestra voluntad está lejos de todo lo bueno, y naturalmente rehusamos a presentarnos ante Cristo para poder hallar la vida. Las decisiones son poco inteligentes y frágiles cuando se examinan a la luz del Espíritu de Dios.

Sin embargo, el hombre dice: "Creo que tengo una conciencia iluminada y una inteligencia que me guiará correctamente. Usaré la luz de la naturaleza y no dudo que encontraré el camino si me perdiera". Varón, su sabiduría, que es la misma flor de su naturaleza; ¿qué es sino necedad? Sin embargo, no lo ve. Sin cambios, ni una renovación real, usted está a la luz de Dios con la misma sabiduría que un potro sin domar. Ojalá fuera humillado en su propia estima como un niño a los pies de Jesús y obligado a clamar: "Enséñame".

Cuando el viento desbastador del Espíritu sopla en las mentes carnales, revela la muerte de la carne en todos sus aspectos, especialmente en cuanto al poder de aquello que es bueno. Allí aprendemos aquella palabra de nuestro Señor: *"Separados de mí nada podéis hacer"* (Juan 15:5). Cuando he buscado al Señor, no sólo creí que no podía orar sin la ayuda divina, sino que sentía en mi alma que no podía hacerlo sin Su ayuda. No podía sentir, llorar, ni gemir. Deseaba anhelar más de Dios, pero ni siquiera sentía que necesitaba de él como debía haber sentido.

Este corazón estaba duro y sin vida como aquéllos que se descomponen en las tumbas. ¡Oh, lo que hubiera dado por una lágrima! Quería arrepentirme, pero no podía. Deseaba creer, pero no podía. Me sentía atado, estorbado y paralizado.

Era una revelación humillante del Espíritu Santo de Dios, pero necesaria. La fe de la carne no es la fe de la elección de Dios. La fe que justifica el alma es don de Dios y no de nosotros. Necesitamos arrepentirnos de aquél arrepentimiento que es obra de la carne. La flor de la carne debe marchitarse. Sólo la semilla del Espíritu producirá un fruto perfecto. Los herederos del cielo no nacen de sangre, ni de carne, ni de hombre, sino de Dios. Si la obra en nosotros no es del Espíritu, sino nuestra, se dobla y se cae cuando más necesitamos su protección. Su fin será como la hierba que un día está y al otro no.

Además de la universalidad de la obra que nos hace menguar, examine cuán completa es. La hierba, ¿Qué hace?, ¿Se dobla? No, se seca. La flor del campo, ¿qué hace, se inclina hacia un lado? No, según Isaías se marchita, y según Pedro se muere.

No se puede revivir con agua porque llegó a su fin. A los vivos se les muestra que en su carne no mora nada bueno.

¡Qué obra ha hecho Dios en los corazones de algunos siervos de Dios! Toma por ejemplo a John Bunyan según se describe a sí mismo en ***Grace Abounding*** *(Abundante Gracia)*. Durante muchos meses y años el Espíritu se ocupó de aniquilar todo lo que pertenecían al viejo Bunyan a fin de que por la gracia sea transformado en un nuevo hombre, apto para alcanzar a los peregrinos en su camino hacia el cielo.

No todos sufrimos tanto, pero en cada hijo de Dios, el pecado, la ley y lo humano deben ser aniquilado antes de que Cristo perfeccione al hombre y lo lleve al cielo. La corrupción no puede heredar la incorrupción, a través del Espíritu hacemos morir las obras de la carne y como consecuencia tenemos vida.

La mente carnal, ¿podrá ser mejorada? De ninguna manera, *"Por cuanto los designios de la carne son enemistad contra Dios; porque no se sujetan a la ley de Dios, ni tampoco pueden"* (Ro. 8:7). ¿Puede usted mejorar la vieja naturaleza? No, *"Os es necesario nacer de nuevo"* (Juan 3:7). ¿Se le puede enseñar cosas celestiales? No, *"Pero el hombre natural no percibe las cosas que son del Espíritu de Dios, porque para él son locura, y no las puede entender, porque se han de discernir espiritualmente"* (1 Co. 2:14).

No hay nada que hacer con la vieja naturaleza

sino colocarla en la tumba. Debe estar muerta y enterrada. Cuando esto ocurre, la semilla incorruptible que vive y permanece para siempre se desarrollará de manera gloriosa. El fruto del nuevo nacimiento madurará, y la gracia será exaltada en gloria. La vieja naturaleza nunca mejora. Es tan terrenal, sensual y diabólica en el santo que tiene ochenta años, como en el que llegó por primero llegó a Cristo.

No se mejora ni tampoco puede mejorarse. Constituye la enemistad misma. Todo pensamiento del corazón es vil. En nuestra vieja naturaleza, *"el deseo de la carne es contra el Espíritu, y el del Espíritu es contra la carne; y éstos se oponen entre sí, para que no hagáis lo que quisiereis"* (Gá. 5:17). No puede haber paz entre ellos.

La obra que nos hace menguar es muy dolorosa. ¿Mientras leía estos versículos no le pareció que llevaban en sí un tono fúnebre? *"Toda carne es hierba, y toda su gloria como flor del campo. La hierba se seca, y la flor se marchita"* (Isaías 40:6-7). Es una obra dolorosa, pero debe llevarse a cabo. Creo que aquéllos que la han experimentado en gran manera cuando vinieron a Cristo, tienen un gran motivo para estar agradecidos. El rumbo de su vida será más alegre y feliz.

Sostengo que las personas que se convirtieron al Señor sin mayores problemas y aquéllos que llegaron a Cristo con poca noción de su inmundicia, deben aprenderlo más tarde. Durante mucho tiempo permanecen niños en Cristo, y son sorprendidos por cuestiones que no les hubiera preocupado si hubiesen experimentado una obra más profunda al principio. No, si la gracia ha comenzado a crecer en su alma y algunos de los antiguos muros de la autodependencia no fueron derribados, tendrán que ser demolidos tarde o temprano.

Usted puede felicitarse porque aún no ha sido derrumbado, pero será una felicitación errónea. El gloriarse en sí mismo no es provechoso. Estoy seguro de que Cristo no remienda las vestiduras viejas, ni llena las viejas botellas con vino nuevo. Sabe que al final será peor. Todo lo que procede de la naturaleza debe descubrirse. La edificación natural debe ser destruida; las tablas, el yeso, el techo y los fundamentos. Debemos tener una casa que no esté construida por el hombre.

El tremendo incendio que quemó todos los edificios, asiento de la plaga, constituyó una gran obra de piedad para la ciudad de Londres. Posteriormente se construyó una ciudad mucho más sana. Entonces, hay mayor misericordia cuando Dios quita la justicia y fuerza humana y lo hace sentir al hombre que no es nada, ni tampoco puede llegar a ser alguien y lo conduce a la confesión de que Cristo es el todo en todos. Como consecuencia, su única fuerza se encuentra en el eterno poder del bendito Espíritu.

Aunque sea doloroso, es inevitable. He demostrado la necesidad de que lo viejo sea quitado. Sin embargo, permítame remarcar que es indispensable que lo viejo sea aniquilado porque es en sí mismo corruptible. ¿Por qué se seca la hierba? Porque es mortal. Debe morir. ¿Cómo puede nacer de la tierra y ser inmortal? No es una flor que nunca se marchita. Esta no florece en el Paraíso. Crece en tierra donde cayó la maldición. Todo lo que nace de usted es mortal, al igual que usted, y debe morir.

La semilla de la corrupción se encuentra en todos los frutos del árbol humano. Aún cuando fueren tan bellos como los del huerto del Edén, deben morir.

Además, sería inaceptable que nuestra salvación esté rociada con cosas de la carne y del espíritu. Si fuera así, el honor estaría dividido; hasta este punto llegan las alabanzas de Dios, pero a partir de aquí las alabanzas me pertenecen a mí. Si tuviera que obtener mi salvación por lo que yo logré personalmente y por lo que hizo Cristo, y si la energía que me santificó fuera parte mía y la otra parte divina, la recompensa habría de ser dividida. Entonces las alabanzas celestiales estarían dirigidas en parte al Todopoderoso y en parte al hombre. Pero no ha de ser así.

Yo digo: "Sométete, carne orgullosa". Aunque se lave y purifique, sigue siendo corrupta. Aunque trabaje hasta sentirse cansado, está edificando con madera que será quemada y rastrojo que se convertirá en ceniza. Abandone la confianza en usted mismo, y permita que la obra y el mérito tome el lugar del honor, sólo con Dios. Es inevitable que todo esto ocurra.

La Siembra

Según Pedro, aunque la carne es mortal y la flor se marchita, los hijos de Dios no se secan. *"Siendo renacidos, no de simiente corruptible, sino de incorruptible, por la palabra de Dios que vive y permanece para siempre"* (1 Pedro 1:23). *"Más la palabra del Señor permanece para siempre. Y ésta es la palabra que por el evangelio os ha sido anunciada"* (1 Pedro 1:25).

El Evangelio nos es útil porque no proviene del hombre. Si fuere humano, su efecto sería carnal. Sin embargo, el Evangelio de Jesucristo es sobrehumano, divino y espiritual. Desde un principio fue obra de Dios. El gran don, el Salvador, es un don divino y todas sus enseñanzas son enteramente divinas.

Si usted cree un evangelio ideado por usted mismo o un evangelio filosófico que emana del cerebro humano, esto es de la carne. Se secará, se morirá y lo perderá por haber confiado en él. La única palabra que puede bendecirlo y que es una semilla en su alma, debe ser la palabra del eterno Espíritu que es viva e incorruptible.

Esta es la palabra incorruptible: *"Y aquél Verbo que fue hecho carne, y habitó entre nosotros"* (Juan 1:14). *"Dios estaba en Cristo reconciliando consigo al mundo, no tomándoles en cuenta a los hombres sus pecados, y nos encargó a nosotros la palabra de la reconciliación"* (2 Co. 5:19). Esta es la palabra incorruptible, que, *"Todo aquél que cree que Jesús es el Cristo, es nacido de Dios"* (1 Juan 5:1). *"El que en Él cree, no es condenado; pero el que no cree, ya ha sido condenado, porque no ha creído en el nombre del unigénito hijo de Dios"* (Juan 3:18). *"Dios nos ha dado vida eterna; y esta vida está en su Hijo"* (1 Juan 5:11).

Esta es la semilla, pero a fin de que crezca en su alma debe ser sembrada por el Espíritu. ¿La recibirá? Si la recibe, el Espíritu la sembrará en su alma. Acérquese a ella y diga: "Creo, y la tomaré. Mi esperanza está en el Dios encarnado. Mi confianza está puesta en el sacrificio substituto y la redención de Cristo. Estoy reconciliado con Dios mediante la sangre de Jesús". Si usted confiesa estas palabras tiene la semilla viva dentro de su alma.

¿Cuál es el resultado? De acuerdo con el texto, obtenemos la nueva vida y un nuevo nacimiento como consecuencia de la Palabra viva que mora en nosotros. Es una vida nueva. No es la vieja naturaleza que selecciona lo bueno, ni el Adán del Antiguo Testamento que la refina, ni tampoco se purifica a sí misma y surge como algo mejor. No, la carne es mortal y la flor se marchita. Es una vida totalmente nueva. Una vez regenerado, usted es considerado una nueva criatura como si nunca hubiera existido ni sido creado por primera vez. *"De modo si alguno está en Cristo, nueva criatura es; las cosas viejas pasaron; he aquí todas son hechas nuevas"* (2 Co. 5:17).

El hijo de Dios está más allá y por encima de

todo otro hombre. Los demás no poseen la vida que el hijo de Dios recibió. Ellos tienen un cuerpo y un alma, pero el hijo de Dios es espíritu, alma y cuerpo. Un principio nuevo, una centella de la vida divina ha caído en su alma. Ya no es un hombre natural ni carnal, sino que se ha convertido en un hombre espiritual. Comprende las cosas espirituales y disfruta de una vida superior a todo lo relativo a la humanidad. Dios, que ha hecho secar lo carnal en su alma, le conceda un nuevo nacimiento a través de la Palabra.

Cuando la nueva vida nace mediante la Palabra de Dios es incorruptible. Vive y permanece para siempre. La tierra y el infierno intentan robar la buena semilla del corazón de un verdadero cristiano, y destruir su nueva naturaleza, pero nunca lo logra. Aunque quitare el sol del cielo no podrá quitar la gracia de un corazón que ha nacido de nuevo. Según la Escritura en 1 Pedro 1:23, *"vive y permanece para siempre"*. No puede corromperse a sí misma ni ser corrompida. *"Sabemos que todo aquél que ha nacido de Dios, no practica el pecado"* (1 Juan 5:18). *"Y yo les doy vida eterna; y no perecerán jamás, ni nadie las arrebatará de mi mano"* (Juan 10:28). *"Mas el que bebiere del agua que yo le daré, no tendrá sed jamás; sino que el agua que yo le daré será en él una fuente de agua que salta para vida eterna"* (Juan 4:14).

Usted tiene una vida natural que perecerá; es de la carne. Tiene una vida espiritual y de ésta se escribe: *"Y todo aquel que vive y cree en mí, no morirá eternamente"* (Juan 11:26). Desde este momento tiene dentro suyo la inmortalidad más noble y verdadera. Debe vivir como vive Dios; en paz, gozo y alegría.

Recuerde, si no tiene esto, *"no verá la vida"* (Juan 3:36). ¿Entonces, qué ocurre? ¿Será aniquilado? No, pero *"la ira de Dios estará sobre él"* (Juan 3:36). Existirá, pero no vivirá. No conocerá nada acerca de la vida, porque la vida es un don de Dios en Jesucristo. La muerte eterna, llena de tormentos y angustias será para aquéllos que no creen.

Si usted no cree, será *"lanzado al lago de fuego. Esta es la muerte segunda"* (Ap. 20:14). Será como aquéllos cuyo, *"gusano no muere, y el fuego nunca se apaga"* (Marcos 9:44). Dios visite su bendito espíritu. Si Él está luchando con usted, no apague Su llama divina.

No juegue con pensamientos santos. Si debe confesar que no es nacido de nuevo, humíllese. Busque la piedad del Señor. Ruegue para que Él lo ministre. Muchas personas que sólo recibieron la luz de la luna, cuando nacieron de nuevo también recibieron la luz del sol.

En especial, recuerde qué es la semilla y atesórela cuando sea predicada, *"Y esta es la palabra que por el evangelio os ha sido anunciada"* (1 Pe. 1:25). Respétela y recíbala. Se hace referencia a la semilla en la siguiente frase: "Cree en el Señor

Jesucristo, y serás salvo, tú y tu casa" (Hechos 16:31). *"El que creyere y fuere bautizado, será salvo; mas el que no creyere será condenado"* (Mr. 16:16). El Señor lo bendiga, por el amor de Jesús. Amén.

5

El Pacto, Promesa del Espíritu

"Y pondré dentro de vosotros mi espíritu."
—Ezequiel 36:27

La lengua del hombre y de los ángeles pueden fallar. Clasificar a esta oración como regla de oro sería demasiado común, y compararla a una perla de gran valor sería una pobre comparación. No podemos sentir, mucho menos hablar de la alabanza del maravilloso Dios que incluyó esta cláusula en el pacto de Su gracia. En ese pacto, cada oración es más preciosa que el cielo y la tierra, y las siguientes palabras son importantes en Su promesa, *"Pondré dentro de vosotros mi Espíritu"* (Ezequiel 36:27).

Palabra de Misericordia

Comenzaría diciendo qué es una palabra de misericordia, sin embargo fue dirigida a un pueblo sin misericordia. Fue dirigida a un pueblo que había seguido su propio camino y negado el camino de Dios. Un pueblo que había provocado en el Juez de toda la tierra algo más que una ira común.

El mismo en Ezequiel 36:18 afirmó: "Y derramé mi ira sobre ellos". Este pueblo aún siendo castigado, hizo que el santo nombre de Dios sea profanado donde quiera que iban. Había sido bendecido grandemente, sin embargo se abusaron de sus privilegios y se comportaron peor que aquéllos que nunca conocieron al Señor. Pecaban descarada, voluntaria, orgullosa y vanidosamente, a causa de esto provocaron al Señor en gran manera.

No obstante, Él les hizo una promesa como esta: "Pondré dentro de vosotros mi Espíritu" (Ez. 36:27). Seguramente, "cuando el pecado abundó, sobreabundó la gracia" (Ro. 5:20). Evidentemente ésta es una palabra misericordiosa, ya que la ley no establece nada de esta índole. Abra la ley de Moisés y mire si hay alguna palabra allí tocante al derramar del Espíritu en el hombre para que obedezca los estatutos de Dios. La ley incluye estos estatutos, pero únicamente el Evangelio promete el Espíritu mediante el cual los estatutos serán guardados.

La ley da órdenes y nos informa acerca de lo

que Dios demanda de nosotros, pero el Evangelio va más allá y nos indica que debemos acatar la voluntad del Señor. Además, nos permite caminar en Sus caminos. Conforme a la gracia: "Dios es el que en vosotros produce así el querer como el hacer, por su buena voluntad" (Fil. 2:13).

Una bendición tan maravillosa como ésta no puede llegar al hombre por mérito. El hombre puede actuar como si mereciera una recompensa de acuerdo con Su obra meritoria. Sin embargo, el Espíritu Santo nunca puede remunerar al hombre por sus servicios humanos. La idea es casi una blasfemia.

¿Merece el hombre el sacrificio de Cristo en su favor? ¿Quién soñaría semejante cosa? ¿El hombre, merece que el Espíritu Santo more en él y lo haga santo? La grandeza de la bendición lo ubica por encima del mérito. El Espíritu nos es dado por gracia (una gracia infinita que excede todo lo que hayamos imaginado). La sobreabundancia de la soberana gracia se hace más clara aquí.

"Pondré dentro de vosotros mi Espíritu" (Ez. 36:27), es una promesa que está impregnada de gracia así como la miel gotea del panal. Escuche la música divina que emana de esta palabra de amor. Oigo la suave melodía de la gracia, gracia, gracia y nada más que gracia. Alabado sea el Señor, quien ofrece el Espíritu para que more en los pecadores.

Palabra Divina

"Pondré dentro de vosotros mi Espíritu" (Ez. 36:27), también es una palabra divina. ¿Quién sino el Señor puede hablar de esta manera? ¿Puede un hombre hacer morar el Espíritu en otro? ¿La iglesia unida podría hacer morar el Espíritu en el corazón de un pecador? El colocar algo bueno en el corazón del hombre es un gran logro, pero hacer morar al Espíritu de Dios en el corazón es obra exclusiva de la mano de Dios.

"Jehová desnudó su santo brazo" (Isaías 52:10), y demostró la plenitud de Su poder. El hacer morar el Espíritu de Dios en nuestra naturaleza es una obra exclusiva y maravillosa de Dios.

¿Quién sino el Dios de Israel puede hablar como un rey y más allá de toda disputa declarar: *"Pondré dentro de vosotros mi Espíritu"* (Ez. 36:27)? El hombre debe rodear sus decisiones con condiciones e incertidumbres, pero ya que la omnipotencia respalda cada promesa de Dios, Él habla como rey de un modo sólo apto para un Dios eterno. Él tiene propósito y promete, y actúa con seguridad. La promesa de nuestro versículo sagrado ha de ser cumplida. Es cierta porque es divina.

Oh, pecador, si nosotros, pobres criaturas tuviéramos el trabajo de salvarlo, moriríamos en el intento; pero el Señor mismo aparece en la escena y la obra es hecha. Todos los obstáculos son removidos mediante una sola oración, *"Pondré dentro de vosotros mi Espíritu"* (Ez. 36:27). Nosotros, los ministros, hemos luchado contra nuestros espíritus, hemos llorado por usted, y hemos rogado por su vida, sin embargo fallamos. Pero, hay Uno que no falla cuando interviene en el asunto. Junto a Él todo es posible. Comienza su trabajo diciendo: *"Pondré dentro de vosotros mi Espíritu"* (Ez. 36:27). La Palabra de Dios es gracia y de misericordia. Considérela entonces, como promesa de la gracia de Dios.

Una Palabra Individual y Personal

A mi modo de ver, el pensamiento de que ésta es una palabra individual y personal me resulta llamativo. El Señor dice: *"Pondré dentro de vosotros mi Espíritu"* (Ez. 36:27) como individuos, uno por uno. Esto debe ser así ya que el vínculo lo requiere.

Leemos en Ezequiel 36:26: *"Os daré corazón nuevo"*. Un corazón nuevo sólo puede darse a una sola persona. Cada hombre necesita y debe tener su propio corazón. El versículo continúa diciendo: *"Pondré dentro de vosotros mi Espíritu"*. El Espíritu debe ser colocado en cada uno de nosotros. *"Y quitaré de vuestra carne el corazón de piedra, y os daré un corazón de carne"*.

Estas son todas obras personales, operaciones individuales de gracia. Dios ministra al hombre individualmente en cuanto a los solemnes asuntos de la eternidad, el pecado y la salvación. Nacemos uno por uno y morimos uno por uno. A pesar de esto, debemos nacer de nuevo en forma individual y cada uno ha de recibir al Espíritu de Dios en forma personal. Si el hombre no posee esto, no posee nada. No se puede obligar al hombre guardar la ley a menos que haya recibido la gracia como individuo.

Creo ver entre mis oyentes un hombre o mujer que se siente solo o sola en este mundo y por lo tanto sin esperanza. Dios hará grandes cosas para una nación, ¿pero cómo se debe considerar al solitario? Como una persona extraña que puede estar incluida en cualquier lista. Usted es un pecador poco común con tendencias constitucionales. Dios dice: *"Pondré dentro de vosotros mi Espíritu"* (Ez. 36:27). Significa dentro de su corazón. Sí, inclusive el suyo. Usted que busca la salvación, pero que no conoce el poder del Espíritu, esto es lo que necesita.

Ha estado batallando en la carne, pero no comprende cuál es la fuente de sus fuerzas. Dios le dice en Zacarías 4:6: *"No con ejército, ni con fuerza, sino con mi Espíritu ha dicho Jehová de los ejércitos"*, y nuevamente, *"Pondré dentro de vosotros mi Espíritu"* (Ez. 36:27). Oh, que Dios hable esta palabra a ese joven que está al borde de la desesperación o a aquella triste mujer que tanto ha buscado el poder dentro suyo para orar y creer.

Usted no tiene fuerzas ni esperanza dentro suyo, pero esto responde a su causa: *"Pondré dentro de vosotros mi Espíritu"* (Ez. 36:27), significa en forma individual. Pídale a Dios. Alce su corazón en oración a Él, y pídale que derrame sobre usted el Espíritu de gracia y de súplica. Clame al Señor diciendo: "Que tu buen Espíritu me guíe". Clame, "No me pases por alto, Padre misericordioso, sino cumple en mí tu maravillosa palabra: *"Pondré dentro de vosotros mi Espíritu"* (Ez. 36:27).

Palabra que Separa

Esta es además una palabra que separa. No tengo la certeza de que usted experimentará esto con frecuencia, pero debería ser así. Esta palabra separa al hombre de sus compañeros. El hombre por naturaleza no es del espíritu de Dios y está sujeto al espíritu del diablo, el príncipe de los aires. Cuando Dios viene a escoger a los suyos, de entre los gentiles, Él efectúa la separación mediante la siguiente palabra: *"Pondré dentro de vosotros mí Espíritu"* (Ez. 36:27). Una vez que esto se cumple, el individuo se convierte en un nuevo hombre.

Aquéllos que poseen el Espíritu no son de este mundo ni tampoco se asemejan a él. Pronto deben alejarse de lo que no es de Dios y separarse porque las diferencias de la naturaleza crean conflictos. El Espíritu de Dios no mora con el espíritu del mundo. No puede tener comunión con Cristo y con el enemigo, con el reino de Dios y el reino de este mundo.

Tengo esperanza de que el pueblo de Dios abra sus ojos ante la verdad de que el gran propósito de la actual dispensación es rescatar a las personas entre los hombres. Aún es verdad, según lo dicho por Santiago ante el Concilio de Jerusalén, *"Simón ha contado cómo Dios visitó por primera vez a los gentiles, para tomar de ellos pueblo para su nombre"* (Hechos 15:14).

Debemos desprendernos del buque naufragado con la esperanza de que podamos vaciarlo del agua y hacerlo regresar al puerto. No, el clamor es muy distinto. "¡Tome el salvavidas!" "¡Tome el salvavidas! Debe dejar el buque que naufragó. Luego, debe rescatar aquello que Dios salvará". Debe separarse del buque naufragado, para que no se ahogue en la inminente destrucción.

Su única esperanza para hacer el bien en este mundo es diciendo: *"No son del mundo"* (Juan 17:16), así como Cristo no fue de este mundo. Si se hunde al nivel de este mundo, no lo beneficiará a usted ni al mundo. Aquello que ocurrió en los días de Noé se repetirá. Cuando los hijos de Dios formaron alianza con las hijas de los hombres, y hubo una unión entre las dos razas, Dios no soportó la unión satánica. Abrió el camino y destruyó la tierra con un diluvio.

Seguramente, en el último día de la destrucción, el mundo sea arrollado con fuego, porque la Iglesia de Dios se habrá degenerado y ya no habrá diferencia entre la justicia y lo satánico. Cuando el Espíritu de Dios desciende, rápidamente marca y revela la diferencia entre Israel y Egipto. Proporcionalmente, en la medida que se sienta Su energía activa, habrá un golfo ancho entre aquéllos guiados por el Espíritu y aquéllos que están bajo los designios de la carne. Esta es una palabra que causa separaciones. ¿Lo ha separado? ¿El Espíritu Santo lo ha llamado aparte para bendecirlo? ¿Existe alguna diferencia entre usted y sus viejos compañeros? ¿Es su vida incomprensible para ellos? Si no fuere así, Dios tenga misericordia de usted y deposite en su vida lo celestial, *"Pondré dentro de vosotros mi Espíritu"* (Ez. 36:27).

Palabra que Une

Es también una palabra que une. Separa del mundo, pero lo une a Dios. *"Pondré dentro de vosotros mi Espíritu"* (Ez. 36:27). No es simplemente "un" espíritu ni "el" espíritu sino "Su Espíritu". Cuando el mismo espíritu de Dios viene a morar en nuestros cuerpos mortales, somos casi linaje del Altísimo. Según 1 Co. 6:19, *"¿O ignoráis que sois templo del Espíritu Santo?"* Esto no lo hace al hombre sobresaliente? ¿Nunca se ha maravillado de usted mismo? ¿Ha pensado en cómo este pobre cuerpo es considerado templo del Espíritu Santo por la santificación, dedicación, y elevación a una condición sagrada?

Entonces, ¿Somos unidos a Dios íntimamente? ¿Es el Señor nuestra luz y nuestra vida mientras nuestros espíritus están sujetos al espíritu divino? *"Pondré dentro de vosotros mi Espíritu"* (Ez. 36:27).

Dios mismo mora en usted. El Espíritu que

resucitó a Cristo de entre los muertos está en usted. Su vida está escondida en Cristo y el Espíritu lo sella, unge y mora en usted. Por medio del Espíritu tenemos acceso al Padre. Por medio del Espíritu somos adoptados y aprendemos a clamar: "Abba, Padre". Por medio del Espíritu, somos hechos copartícipes de la naturaleza divina y tenemos comunión con la Trinidad, santo Dios.

Palabra Condescendiente

Es inevitable decir que es una palabra condescendiente. *"Pondré dentro de vosotros mi Espíritu"* (Ez. 36:27). ¿Es verdad que el Espíritu de Dios que demuestra el poder y la fuerza energética de Él, hace cumplir la Palabra de Dios? Aquél que se movía sobre la faz de las aguas, y convirtió el caos y la muerte en orden y vida, ¿es el que se humilla para morar en el hombre? En nuestra naturaleza, Dios constituye un maravilloso concepto. Dios en el niño de Belén, Dios en el carpintero de Nazaret, Dios en el Hombre de Aflicción, Dios en el Crucificado, y Dios en el que fue sepultado; esto es maravilloso.

La encarnación es un infinito misterio de amor, pero de todos modos lo creemos. Sin embargo, si fuere posible comparar las maravillas, diría que la morada de Dios en el corazón de Su pueblo es muchísimo más extraordinaria. El hecho de que el Espíritu Santo more en el corazón de millones de redimidos, constituye un milagro que es mayor a la adopción de la naturaleza humana del Señor.

El cuerpo del Señor era perfectamente puro, y la Divinidad cuando moraba en Su santo estado humano, moraba en una naturaleza perfecta y sin pecado. Sin embargo, el Espíritu de Dios se humilla para morar en el hombre pecaminoso. Él mora en aquél que después de su conversión todavía está batallando entre la carne y el espíritu. Él mora en hombres imperfectos que buscan la perfección. Estos hombres deben ser quebrantados por sus falencias y deben confesar con vergüenza su incredulidad. *"Pondré dentro de vosotros mi Espíritu"* (Ez. 36:27), significa que el Espíritu Santo mora en nuestra naturaleza imperfecta. ¡Maravilla de maravillas!

Creyente del Señor Jesucristo, usted tiene el Espíritu de Dios porque, *"Si alguno no tiene el Espíritu de Cristo, no es de él"* (Ro. 8:9). Usted no podría soportar la sospecha de que no le pertenece. Por lo tanto, así como usted es de Cristo, Su Espíritu mora en su vida.

El Salvador se fue con el propósito de que el Consolador more en usted; Él mora en su vida. ¿No es verdad? Si es así, admire al Dios condescendiente, adore y alabe Su nombre. Dulcemente, sométase a Su reinado en todas las áreas. No contriste al Espíritu de Dios. Esté atento para que nada se apegue en usted que pueda contaminar el templo de Dios. Que la advertencia más tenue del Espíritu Santo sea un mandato su vida. Fue un gran misterio que la presencia del

Señor estuviera especialmente en el velo del tabernáculo, y que el Señor haya hablado a Su pueblo por medio de Tumim y Urim. Es igualmente maravilloso que el Espíritu Santo habite en nuestros espíritus, que more en nuestra naturaleza, y que nos hable aquello que oye del Padre.

Él habla mediante impresiones divinas que el oído puede comprender y el corazón tierno recibir. Que Dios nos ayude a distinguir Su suave voz para poder escucharlo con gozo y humildad reverente. Entonces, conoceremos el significado de las palabras, *"Pondré dentro de vosotros mi Espíritu"* (Ez. 36:27).

Palabra Espiritual

También constituye una palabra espiritual. *"Pondré dentro de vosotros mi Espíritu"* (Ez. 36:27), no tiene relación alguna con las vestiduras que sería asunto de poca importancia. No tiene relación alguna con la educación; éstas a menudo constituyen una característica engañosa. El texto tampoco está relacionado con los ritos y las ceremonias externas, sino que va más allá. Cuando el Señor nos enseña acerca de nuestra muerte en Cristo mediante el bautismo, nos está instruyendo. Es también para nuestro beneficio que Él haya instituido el pan y el vino como símbolos de nuestra comunión en el cuerpo de Cristo y en la sangre de Su amado Hijo. Sin embargo, éstas son simplemente cosas externas, y si el Espíritu Santo no se ocupa de las personas, no llegan a cumplir su propósito en la tierra.

Existe algo aún más maravilloso en esta promesa: *"Pondré dentro de vosotros mi Espíritu"* (Ez. 36:27). No logro transmitir la connotación exacta de las palabras que significan "dentro de vosotros" a menos que haga una paráfrasis.

La paráfrasis sería: "Pondré mi Espíritu en medio de ti". El sagrado depósito se coloca en las profundidades del lugar secreto en su vida. Dios no hace morar Su Espíritu en la superficie, sino que lo coloca en la esencia del ser. La promesa significa, "Pondré mi Espíritu en tus entrañas, en tu corazón, en tu misma esencia". Se trata de una cuestión puramente espiritual sin la intervención de lo material ni lo visible. Es espiritual, comprende, porque es el Espíritu que nos es dado, y mora en nuestro espíritu.

Palabra Eficaz

Esta palabra es sumamente eficaz. *"Pondré dentro de vosotros mi Espíritu, y haré que andéis en mis estatutos, y guardéis mis preceptos, y los pongáis por obra"* (Ez. 36:27). El Espíritu opera, en primer lugar en el interior ya que produce amor por la ley del Señor. En segundo lugar, lo ayuda a que usted y su hermano guarden los estatutos relativos a Dios mismo y a Su juicio. Si el hombre fuere obligado con un látigo a obedecer, no sería útil, sin embargo cuando la obediencia emana desde el interior, esto equivale a joyas valiosas. Si tiene una antorcha, no puede hacer que irradie luz puliendo el vidrio por fuera. Debe alumbrar desde adentro, y esto es precisamente lo que hace Dios.

Él coloca la luz del Espíritu dentro nuestro y como consecuencia irradiamos luz. Hace morar al Espíritu tan profundo en nuestro corazón que toda la naturaleza lo siente, y lo hace ascender como agua del pozo. Está tan arraigado que no hay forma de removerlo. Si morase en la memoria, quizá se olvidaría de él. Si morase en el intelecto, quizá se confundiría, pero dentro de suyo alcanza al hombre entero y tiene dominio sobre usted sin equivocación alguna.

Cuando la esencia de su naturaleza es llevada rápidamente a la santidad, la divinidad práctica está bien asegurada. Bendito es aquél que conoce como experiencia las palabras del Señor, *"mas el que bebiere del agua que yo le daré, no tendrá sed jamás; sino que el agua que yo le daré será en él una fuente de agua que salte para vida eterna"* (Juan 4:14).

El Espíritu Vivificador

Permítame demostrar de qué manera el buen Espíritu manifiesta el hecho de que mora en el hombre. Una de las primeras señales del Espíritu de Dios que mora en nosotros es el efecto vivificador. Por naturaleza estamos muertos a todas las cosas celestiales y espirituales, pero cuando llega el Espíritu de Dios, comenzamos a vivir. El hombre que es visitado por Dios comienza a sentir. Los terrores de Dios lo hace temblar, y el amor de Cristo es motivo de llanto. Comienza a temer a Dios y a tener esperanza. Es probable que tenga mucho temor y poca esperanza. Aprende a quebrantarse en el espíritu. Siente dolor porque ha pecado y porque tampoco puede cesar de hacerlo. Comienza a anhelar aquello que un día despreciaba, en especial el buscar el perdón y la reconciliación con Dios.

Yo no puedo hacerlo sentir. No puedo hacerlo llorar por sus pecados ni tampoco puedo hacerlo anhelar la vida eterna. Sin embargo, esto acontece tan pronto como el Espíritu cumpla: *"Pondré dentro de vosotros mi Espíritu"* (Ez. 36:27). El Espíritu vivificador infunde vida a los que se hallan muertos en delitos y pecados. La vida del Espíritu se muestra a sí misma impulsando al hombre a que ore.

El clamor es el sello que distingue al hijo recién nacido con vida. Comience a clamar con llanto, *"Dios sé propicio a mí, pecador"* (Lucas 18:13). Mientras clama, siente el suave alivio del arrepentimiento. Considera al pecado de otra manera y está dolido por haber afligido a Dios. Juntamente con esto viene la fe, tal vez débil y estremecedora, sólo un toque del ruedo de las vestiduras del Salvador, pero aún Dios es su única esperanza y su sola verdad. Ante los ojos de Dios este hombre busca perdón y salvación. Se atreve a creer que Cristo puede salvarlo. El alma cobra vida cuando la confianza brota en el corazón del hombre.

Recuerde que así como el Espíritu Santo infunde vida al principio, también debe revivir y dar fortaleza. Cuando se encuentra apagado y débil, clame al Espíritu Santo. Cuando siente que no está tan ferviente al Espíritu como le gustaría estarlo, y no puede ascender a las alturas en comunión con Dios, confiese la palabra en fe y ruegue al Señor que cumpla Su promesa: *"Pondré dentro de vosotros mi Espíritu"* (Ez. 36:27). Preséntese ante Dios con este pacto aún si tiene que confesar: "Dios, estoy hecho un tronco. Soy una montaña de debilidad. A menos que me infundas vida, no podré vivir para ti". Confiese con perseverancia, *"Pondré dentro de vosotros mi Espíritu"* (Ez. 36:27).

Lo único que la vida en la carne producirá es corrupción. Toda la energía que es resultado del entusiasmo se disipará en las cenizas de la decepción. Sólo el Espíritu Santo constituye la vida del corazón regenerado.

¿Posee al Espíritu? Si Él mora en usted, ¿posee una pequeña porción de su vida? ¿Anhela más? Pues, diríjase al primer lugar que fue. Sólo existe un río de agua de vida; beba de Sus aguas. Obtendrá alegría, fortaleza, y felicidad cuando el Espíritu Santo sea poderoso dentro de suyo.

El Espíritu Infunde Luz

Cuando el Espíritu entra, después de haber infundido vida, infunde luz. No podemos obligar al hombre a comprender la verdad. Está ciego, pero cuando el Espíritu mora en él, sus ojos son abiertos. Al principio tal vez vea nublado, pero de todos modos ve. A medida que la luz se torna más intensa y el ojo es fortalecido, ve con más y más claridad. Cuán piadoso es poder ver a Cristo, mirarlo a Él y ser iluminado. Mediante el Espíritu, el alma logra ver las cosas en su estado real. Vemos la verdad y percibimos que son hechos. El Espíritu de Dios ilumina a cada creyente y le permite ver cosas más maravillosas fuera de la ley de Dios. Sin embargo, esto nunca acontece a menos que el Espíritu le abra los ojos. El apóstol dice que, *"os llamó de las tinieblas a su luz admirable"* (1 Pedro 2:9).

La luz que alcanza a los ciegos y muertos espirituales es maravillosa porque revela la verdad con claridad. Cuando la Palabra de Dios lo confunda, no abandone desesperado, sino clame en fe: "Señor, pon al Espíritu dentro de mí". El Espíritu es el único que ilumina el alma.

Convicción

El Espíritu además convence. La convicción es más persuasiva que la iluminación. Establece la verdad ante los ojos del alma a fin de impactar la conciencia. He hablado con muchos que saben cuál es el significado de la convicción, pero lo explicaré a partir de mi propia experiencia.

A través de la lectura, conocí el significado del pecado. Sin embargo, no conocí al pecado hasta que me mordió como una serpiente venenosa. Sentí su veneno ardiendo en mis venas. Cuando el Espíritu me mostró el pecado tal cual es, fui sorprendido. Hubiera preferido huir de mí mismo antes de tener que escaparme de su intolerable presencia. Un pecado que no puede ser oculto mediante excusas y que es puesto a la luz de la verdad, es peor que el mismo diablo.

Cuándo consideré al pecado como una ofensa en contra de un Dios justo y santo, siendo cometido por una criatura orgullosa e insignificante como yo, quedé atónito. ¿Alguna vez se sintió como un pecador? Usted dice: "¡Oh, sí soy pecador!" ¿Realmente lo cree? ¿Sabe lo que significa? La mayoría de ustedes se consideran más pecadores de lo que son. El vagabundo que muestra una herida no conoce lo que realmente es la enfermedad.

El arrodillarse y decir: "Señor, ten piedad de mí, desdichado pecador", y luego levantarse y sentirse decente, y digno de alabanza es un desprecio hacia el Todopoderoso. No es fácil detectar a una persona que realmente reconoce que es pecador. Sin embargo, es bueno y a su vez raro ya que se le puede presentar al verdadero Salvador y éste le recibirá. Hart dijo: "El pecador es algo sagrado. El Espíritu Santo lo hizo sagrado".

El punto de contacto entre un pecador y Cristo es el pecado. El Señor Jesucristo se ofreció por nuestros pecados. Jamás se ofreció a causa de nuestra justicia. Él sana a los enfermos, y lo que mira en nosotros es nuestra enfermedad. Nadie contempla el pecado como su ruina personal hasta que el Espíritu Santo se lo muestra. La convicción de Jesús opera de la misma manera. No llegamos al conocimiento de Cristo como nuestro Salvador hasta que el Espíritu Santo lo pone dentro de nosotros. Nuestro Señor dice: *"tomará de lo mío, y os lo hará saber"* (Juan 16:14). Nunca logrará entender las maravillas de Jesucristo a menos que el Espíritu Santo se lo revele.

Conocer a Jesucristo como nuestro Salvador, como aquél que murió especialmente por usted, es un conocimiento que sólo el Espíritu Santo puede impartir. Él convence al hombre de que la salvación es algo personal. Oh, el ser reconocido y convencido de justicia en el Amado. Esta convicción es fruto de Dios quien lo ha escogido y dice: *"Pondré dentro de vosotros mi Espíritu"* (Ez. 36:27).

Purificación

Además, el Espíritu Santo nos purifica. *"Pondré dentro de vosotros mi Espíritu, y haré que andéis en mis estatutos, y guardéis mis preceptos, y los pongáis por obra"* (Ez. 36:27). Infunde una nueva vida, y esa nueva vida es una fuente de santidad. La nueva naturaleza no puede pecar porque es nacida de Dios, y es una simiente renacida e incorruptible (1 Pedro 1:23). Esta vida produce buen fruto, sólo buen fruto. El Espíritu Santo es la vida de la santidad.

Simultáneamente, la venida del Espíritu Santo al alma da una puñalada mortal al poder del pecado. El viejo hombre no está absolutamente muerto, sino que está crucificado con Cristo. Está sentenciado, y ante la ley, está muerto. Así como un hombre atado a la cruz puede colgar allí durante tiempo pero no recuperar su vida, del mismo modo el poder de Satanás disminuye lentamente, pero debe morir. El pecado es como un delincuente ejecutado. Los clavos que lo sujetan a la cruz lo sostendrá hasta que no pueda respirar más. El Espíritu Santo de Dios causa una herida mortal al poder del pecado. La vieja naturaleza lucha con agonía, pero está condenada y debe morir.

Jamás podrá vencer al pecado por sus propias fuerzas ni mediante alguna fortaleza que no fuere del Espíritu Santo. Usted puede estar ligado al Espíritu, así como Sansón estaba ligado con cuerdas, pero el pecado cortará las cuerdas. El Espíritu Santo corta la raíz del pecado, y debe caer. Él es dentro del hombre, *"espíritu de juicio y el espíritu de devastación"* (Isaías 4:4). ¿Lo conoce?

Como Espíritu de juicio, el Espíritu Santo condena al pecado, le coloca la marca de Caín. Él hace más que esto. Entrega el pecado al fuego. Ejecuta la sentencia de muerte una vez que elabora el juicio. ¡Cuántos pecados tuvimos que quemar!

Nos ha resultado doloroso. El pecado debe ser quitado por fuego si no resultare un método más suave; el Espíritu de Dios es fuego consumidor. Verdaderamente, *"nuestro Dios es fuego consumidor"* (He. 12:29).

Parafrasean esto: "Cristo nacido de Dios es fuego consumidor", pero así no dicen las Escrituras. *"Nuestro Dios"*, el Dios del pacto es el fuego consumidor que purifica el pecado. El Señor no le ha dicho, *"limpiaré hasta lo más puro tus escorias, y quitaré toda tu impureza"* (Isaías 1:25). Esta es precisamente la obra del Espíritu, y de ninguna manera le agrada a la carne, que evitaría el pecado si pudiera.

El Espíritu Santo humedece el alma con pureza hasta que la satura. ¡Oh, tener un corazón saturado por la santidad hasta que sea como el vellón de lana que absorbió tanto rocío que Gedeón podía exprimirlo y sacar de él el rocío! ¡Oh, si toda nuestra naturaleza fuese llena del Espíritu de Dios, y fuésemos santificados enteramente, cuerpo, alma, y espíritu! El Espíritu Santo mora en nosotros y como consecuencia somos santificados.

Preservación

El Espíritu Santo también opera en el corazón como el Espíritu de preservación. Cuando Él mora en el hombre, no vuelve a la ruina. Él obra en ellos con cuidado contra la tentación día tras día. Él les ayuda a batallar contra el pecado. Un creyente preferiría morir diez mil veces antes de cometer un pecado. Une al creyente a Cristo, que es la fuente y la garantía de un fruto aceptable. Edifica en el creyente la santidad que glorifica a Dios y bendice a los hijos del hombre.

Todo fruto verdadero es del Espíritu. Todo verdadero orador debe, "*orar en el Espíritu*" (Judas 1:20). Nos ayuda cuando estamos débiles en la oración. Inclusive, el oír la Palabra es obra del Espíritu, porque Juan dice: "*Yo estaba en el Espíritu en el día del Señor, y oí detrás de mí una gran voz como de trompeta*" (Ap. 1:10). Todo lo que proviene del hombre, o se mantiene vivo en el hombre, primeramente es infundido, luego sostenido y perfeccionado en el Espíritu. "*El Espíritu es el que da vida; la carne para nada aprovecha*" (Juan 6:63).

No podemos acercarnos al cielo con ningún otro poder sino es el del Espíritu Santo. Ni siquiera podemos mantenernos erguidos, ni permanecer firmes a menos que fuésemos sostenidos por el Espíritu Santo. El Señor no sólo planta la viña sino también la preserva. Según las Escrituras, "*cada momento la regaré; la guardaré de noche y de día*" (Isaías 27:3).

¿Oyó a ese hombre decir: "Me gustaría ser cristiano, pero temo que no podré mantenerme firme? ¿Cómo he de ser preservado?" Una pregunta coherente para el versículo: "*mas el que persevere hasta el fin, éste será salvo*" (Mt. 10:22).

Los cristianos temporarios no son cristianos. Sólo el creyente que continúa creyendo entrará al reino de los cielos. Pues, ¿podemos perseverar con una palabra como ésta? Aquí está la respuesta: *"Pondré dentro de vosotros mi Espíritu"* (Ez. 36:27). Cuando una ciudad es conquistada en guerra, aquéllos que la poseían anteriormente, buscan conquistarla nuevamente, pero el rey que la conquistó envía a un ejército para que tome la ciudad. Le dijo al capitán: "Cuide la ciudad que conquisté, y no permita que el enemigo la tome de nuevo". Entonces, el Espíritu Santo constituye el ejército de Dios en nuestra humanidad redimida, y Él nos guardará hasta el final. *"Y la paz de Dios, que sobrepasa todo entendimiento, guardará vuestros corazones y vuestros pensamientos en Cristo Jesús"* (Fil. 4:7). Para ser preservados, nos volcamos al Espíritu Santo.

Guía

Además, El Espíritu Santo mora en nosotros para ser nuestra guía. Nos es dado para guiarnos a toda verdad. La verdad es como una caverna amplia, y el Espíritu Santo nos alumbra con antorchas y nos muestra su esplendor. Aunque el pasaje pareciera ser complicado, Él conoce el camino y nos guía a las profundidades de Dios. Continuamente, nos revela verdades mediante Su luz y Su guía. Entonces, somos *"enseñados por Jehová"* (Isaías 54:13).

También es nuestra guía práctica para llegar al cielo, ayudando y dirigiéndonos a lo largo del viaje hacia arriba. Ojalá el pueblo cristiano consultase al Espíritu Santo a fin de ser guiados en la vida cotidiana. ¿No sabe que el Espíritu de Dios mora en usted? No es necesario que esté corriendo de aquí para allá consultando a amigos para ser guiados. Espere en el Señor silenciosamente. Quédese quieto en silencio ante la revelación de Dios.

Utilice el juicio que Dios le dio, pero cuando no sea suficiente, recurra a quien el Sr. Bunyan denominó, "el Señor, el Distinguido Secretario", que habita en nosotros, es eternamente sabio, y que puede guiarlo haciéndole oír una voz detrás suyo que dice: *"Este es el camino, andad por él"* (Is. 30:21).

El Espíritu Santo lo guiará en la vida. Lo guiará en la muerte, y lo guiará hacia la gloria. Él lo cuidará de los errores actuales y de los del pasado también. Lo guiará de un modo que usted no conoce. Lo guiará en la oscuridad por un camino desconocido para usted. Estas son las cosas que hará para usted y no lo abandonará.

Oh, que preciosa Escritura. Pareciera tener ante mí un tesoro lleno de joyas, preciosas y exóticas. ¡Que el mismo Espíritu Santo se las entregue, y pueda usted estar adornado por ellas cada día de su vida!

Consolación

Por último, *"Pondré dentro de vosotros mi*

Espíritu" (Ez. 36:27), se cumple mediante la consolación, ya que Su nombre es "El Consolador". Nuestro Dios no permitiría que Sus hijos sean infelices, entonces, Él mismo en la tercera persona de la bendita Trinidad desempeña la función de Consolador.

¿Por qué luce su cara colores tan opacos? Dios lo puede consolar. Usted que se encuentra bajo el yugo del pecado, es verdad que ningún hombre puede guiarlo hacia la paz, sin embargo, el Espíritu Santo puede lograrlo. ¡Oh, Dios concede tu Espíritu a aquéllos que no han encontrado la paz! ¡Pon tu Espíritu dentro de ellos, y descansarán en Jesús, amado de Dios!, usted que está preocupado, acuérdese que la preocupación y el Espíritu se oponen entre sí. *"Pondré dentro de vosotros mi Espíritu"* (Ez. 36:27), significa que se convertirá en una persona tranquila, rendida, sumisa en la voluntad divina. Tendrá fe de que todo está bien. David dice: *"Dios de mi gozo"* (Sal. 43:4). ¡Sí, mi Dios es mi gozo!

¿Puede decir: "¡Dios mío, Dios mío!"? ¿Anhela algo más? ¿Puede emprender algo fuera de Dios? ¡Omnipotente para obrar por la eternidad! ¡Infinito para dar! ¡Fiel para recordar! Él es bondadoso. Sólo luz, porque *"en Él no hay tinieblas"* (1 Juan 1:5). Cuando tengo a Dios tengo luz, tengo todo. El Espíritu nos hace comprender esta verdad una vez que Él entra a nuestro corazón.

Santo Consolador, permanece con nosotros, pues así disfrutamos de la luz celestial. Es allí cuando tenemos paz y gozo porque caminamos en la luz. En Él, nuestra felicidad sube en olas de alegría como si se extendiera hacia la gloria. El Señor anhela que esta Palabra se haga real en usted, *"Pondré dentro de vosotros mi Espíritu"* (Ez. 36:27). Amén.

6

Miel en la Boca

"Él me glorificará; porque tomará de lo mío,
y os lo hará saber.
Todo lo que tiene el Padre es mío;
por eso dije que tomará de
lo mío, y os lo hará saber."
—Juan 16:14-15

Este pasaje se refiere a la Trinidad, y no hay salvación fuera de ella. Es el Padre, el Hijo y el Espíritu Santo. Cristo dice: *"Todo lo que tiene el Padre es mío"* (Juan 16:15) y el Padre todo lo posee. Siempre le pertenecieron todas las cosas, aún le pertenecen y siempre le pertenecerán, y no pueden ser nuestras hasta que cambien de dueño, hasta que Cristo diga: *"Todo lo que tiene el Padre es mío"* (Juan 16:15).

La promesa de que *"Todo"* lo que tiene el Padre es delegado al Hijo para que nos sea entregado a nosotros se cumple por medio de la virtud del carácter representativo de Cristo. *"Por cuanto agradó al Padre que en él habitase toda plenitud"* (Col. 1:19). *"Porque de su plenitud tomamos todos"* (Juan 1:16). Sin embargo, estamos tan apagados aunque estemos conectados a la gran fuente, no podemos llegar a ella. Estamos paralizados. No podemos llegar. Aquí aparece la tercera persona de la divina Trinidad, el Espíritu Santo, y Él recibe de lo que le pertenece a Cristo y nos lo entrega. Entonces, lo que tiene el Padre recibimos de Jesucristo, mediante el Espíritu.

Ralph Erskine, en su introducción al sermón basado en Juan 16:15, compara la gracia con la miel que sirve para endulzar la boca y el corazón de los santos. Afirma que en el Padre:

> La miel está en la flor, tan lejos de nosotros que no logramos extraerla. (En el Hijo) la miel está en el panal, preparada para nosotros en nuestro Emanuel, Varón de Dios, Redentor, el Verbo que se hizo carne, y que dice: *"Todo lo que tiene el Padre es mío"*, para uso mío: está en el panal. Luego, la miel está en la boca; el Espíritu que toma todas las cosas las revela y nos hace comer y beber con Cristo y compartirlas; sí, no sólo comer la miel sino el panal juntamente con la miel, no sólo Sus beneficios sino Dios mismo.

Es una elocuente división del tema. La miel está en la flor de Dios, así como en el misterio.

Nunca habrá más miel de la que hay en la flor. La pregunta es: ¿cómo llegamos a la miel? No tenemos la sabiduría para extraer lo dulce. Somos como las abejas que no pueden hallarla. Es miel de abejas, no miel de hombre.

Sin embargo, en Cristo la miel está en el panal, y Él es dulce a nuestro gusto como la miel que gotea del panal. A menudo estamos tan débiles que no podemos extender nuestro brazo para tomar del panal. En el pasado, cuando nuestro paladar estaba tan depravado que preferíamos lo amargo y lo considerábamos dulce.

Ahora, con la venida del Espíritu Santo, la miel está en la boca y el gusto para disfrutar de ella. Sí, la disfrutamos tanto que la miel de gracia ha tomado nuestro ser y nos transformamos en seres dulces ante Dios. Su dulzura nos ha sido entregada mediante este extraño método.

Es innecesario recordarle que la existencia de la Trinidad sea mantenida prominente en su vida. Recuerde, no puede orar sin la Trinidad. Si la completa obra de la salvación requirió a la Trinidad, el aliento mediante el cual vivimos también la necesita. No puede acercarse al Padre sino es mediante el Hijo y el Espíritu Santo. La Trinidad en la naturaleza indudablemente existe. Ciertamente la necesidad de la Trinidad en el reino de la gracia es constante. Cuando lleguemos al cielo, quizá comprenderemos con más claridad la unión de la Trinidad. Pero, si Dios nunca pretendió que la entendiésemos, por lo menos la comprenderemos con los sentimientos.

Llegamos a un mayor regocijo cuando los tres tonos de nuestra melodía suben en perfecta armonía ante Dios, el único Invisible, tres en uno, el bendito Dios eterno, Hijo y Espíritu Santo.

No me corresponde revelarle el próximo punto, Él debe hacerlo. *"Tomará de lo mío, y os lo hará saber"* (Juan 16:14:15). Que se cumpla en este preciso momento.

La Obra del Espíritu Santo

"Tomará de lo mío, y os lo hará saber" (Juan 16:15). Es evidente que el Espíritu ministra las cosas de Cristo. No se resista a lo nuevo de Dios. El Espíritu puede tratar con cualquier cosa en el cielo o en la tierra: la historia de las épocas pasadas, la historia de las épocas venideras, los secretos internos de la tierra, y la evolución de todas las cosas, si existiesen. Él todo lo puede.

Como Maestro, el Espíritu Santo puede llevar adelante toda situación, pero se ocupa de las cosas de Cristo y en ellas halla libertad plena y sin límites.

El Espíritu Santo aún existe, obra y enseña en la iglesia. Sin embargo, hay una manera de detectar si lo que las personas denominan revelación realmente es una revelación o no: *"Tomará de lo mío"* (Juan 16:14). El Espíritu Santo no pasará el límite de la cruz y de la venida del Señor. No se involucrará en la obra de Cristo.

"Tomará de lo mío" (Juan 16:14). Su vocación es ministrar las cosas de Cristo. Si nos olvidamos de esto, quizá seamos llevados por extravagancias, como le ha ocurrido a muchas personas.

Si un ministro se pasó todo el domingo por la mañana predicando un pasaje sin un fin concreto, ¿Qué ha hecho? Se trata de un ministro que afirma que tiene un llamado del Espíritu Santo para tomar de las cosas de Cristo. Toda una mañana fue dedicada a almas preciosas que desfallecían mientras él les hablaba, y abordaba un tema que no estaba en conformidad con las necesidades de los oyentes.

¡Oh, imite al Espíritu Santo! Si usted confiesa que Él habita en su corazón, sea movido por Él. Que se pueda decir de usted, en su justa medida, así como se dice del Espíritu Santo pero sin medida, *"Tomará de lo mío, y os lo hará saber"* (Juan 16:14).

Ahora bien, ¿qué hace el Espíritu Santo? Obra con el hombre débil. Sí, Él mora en nosotros, pobres criaturas. Comprendo que el Espíritu Santo tome de lo de Cristo y se regocije en ello, pero lo maravilloso es que glorifica a Cristo mostrándonos estas cosas. Y en medio nuestro, Cristo ha de recibir Su gloria. Nuestros ojos deben contemplarlo. Un Cristo no visible no es muy glorioso; los secretos de Cristo, las cosas no reveladas de Cristo parecen haber perdido su resplandor en gran medida.

Como consecuencia, el Espíritu Santo sabiendo que a fin de mostrar a un pecador la salvación de Cristo le glorifica, dedica Su tiempo y estuvo dedicando siglos tomando de lo de Cristo para revelarnos a nosotros. Su revelación es sumamente bondadosa, pero también es un milagro.

Sería extraño descubrir de repente que las piedras tienen vida, que las montañas tienen ojos, que los árboles tienen oídos. Sin embargo, para nosotros que estábamos muertos, ciegos, sordos (ya que lo espiritual es más enfático que lo natural), el haber estado tan lejos, y ahora que el Espíritu nos revela lo de Cristo es para Su honor. Pero, Él lo hace. Desciende del cielo para morar con nosotros. Honremos y bendigamos Su nombre.

Nunca pude decidir a quién admirar más como acto de bondad: si a la encarnación de Cristo, o la morada del Espíritu Santo dentro nuestro. La encarnación de Cristo es maravillosa, que Él pudiera morar en la naturaleza humana. Pero, observe, el Espíritu Santo mora en una naturaleza pecaminosa, no en la perfecta naturaleza, sino en la naturaleza humana imperfecta. Continúa morando no en un cuerpo creado para Él, puro y sin mancha, sino que mora en nuestros cuerpos. "*¿No sabéis que sois templo del Espíritu Santo?*" (1 Co. 6:19), aun siendo contaminados por naturaleza, Él que mora en nosotros. Además, lo viene haciendo hace muchísimos años, no en una ocasión sino en innumerables ocasiones.

Todavía Él está en contacto con la humanidad caída. No le muestra las cosas de Cristo a los ángeles, a los serafines, a los querubines, ni a los que le lavaron sus vestiduras y las hicieron blancas en la sangre del Cordero, sino que revela las cosas de Cristo a la humanidad.

El Espíritu Santo toma las palabras de nuestro Señor, aquellas que Cristo habló personalmente y las palabras habladas por medio de los apóstoles. Nunca permitamos que se haga una división entre la Palabra de los apóstoles y la Palabra de Cristo. Nuestro Salvador las unió. *"Mas no ruego solamente por éstos, sino también por los que han de creer en mí por la obra de ellos"* (Juan 17:20).

Si alguno rechazare la Palabra apostólica, no quedarán incluidos en la oración de Cristo. Ellos mismos se anulan por este motivo. Es mi deseo que comprendan que la Palabra de los apóstoles es la Palabra de Cristo. Después de la resurrección, no se demoró en ofrecernos una nueva revelación de Sus pensamientos y Su voluntad. No hubiera podido ofrecer esta revelación anterior a Su muerte porque hubiera sido inadecuada. *"Aún tengo muchas cosas que deciros, pero ahora no las podéis sobrellevar"* (Juan 16:12).

Después de la venida del Espíritu Santo, los discípulos estaban preparados para recibir lo hablado por Cristo mediante Sus siervos Pablo, Pedro, Santiago, y Juan. Determinadas doctrinas, que según nuestra creencia son reveladas por los apóstoles, en realidad cada una de ellas son revelaciones de Cristo. Todas se pueden hallar en Sus enseñanzas, la mayoría en forma de parábolas. Después de que haya ascendido en gloria y ministrado a personas por medio de Su Espíritu para que comprendiesen la verdad en toda Su magnitud, Él envió a los apóstoles. Él dice: "Revela a aquéllos que he elegido el significado de todo lo que he dicho". El significado se encuentra allí, así como el Nuevo Testamento se encuentra en el Antiguo.

Las palabras del Señor Jesús y las de los apóstoles han de ser explicadas por el Espíritu Santo. Jamás comprenderemos la esencia del significado, alejados de Sus enseñanzas. Nunca llegaremos al pleno conocimiento si discutimos la palabra diciendo: "No puedo aceptar la palabra". Si no está el huevo no nacerá la gallina. Es imposible.

Algunos dicen: "Las palabras no están inspiradas". Si no somos inspirados por la Palabra, ésta se escapará de nuestras manos sin dejar rastro alguno porque habrá sido una inspiración intangible. Debemos decir:

> Gran Maestro, te agradecemos por tu Palabra de todo corazón y te damos gracias por haberla escrito. Pero, Gran Maestro, no nos detengamos en las letras, como hicieron los judíos, y los escribas y de esta manera pasar por alto tu mensaje. Abre la puerta de la Palabra para que descubramos el secreto del mensaje y oramos que tú nos enseñes esto. Tú tienes la llave. Haznos ingresar.

Queridos amigo, cuando quiera comprender un pasaje de las Escrituras, recurra al original. Consulte a aquél que ha estudiado el significado en el original, pero recuerde que la manera más rápida de comprender un texto es mediante la oración dirigida al Espíritu Santo. Lea el capítulo como una oración. Me atrevo a decir que si lo lee arrodillado, mirando a aquél que lo escribió, el significado será revelado con mayor claridad que mediante cualquier otro método de estudio. *"Él me glorificará; porque tomará de lo mío, y os lo hará saber"* (Juan 16:14).

El Espíritu Santo le revelará el mensaje del Maestro en su significado exacto, pero no creo que sea el único significado del texto. *"Tomará de lo mío"* (Juan 16:15). No sólo significa que nos mostrará las cosas de Cristo.

Cristo habla como si no tuviera pertenencias propias, debido a que no había muerto ni resucitado. No intercedía como el gran Intercesor en los cielos. Todo ello habría de venir. Sin embargo, Él dice, "Todo lo que tiene el Padre es mío: todos los atributos, toda Su gloria, toda Su paz, todo Su gozo, toda Su bendición. Todo es mío, y el Espíritu Santo se lo revelará a usted".

Pero, podría leer el texto bajo otra perspectiva, porque Él murió, resucitó, ascendió a las alturas y a las profundidades; Él viene nuevamente. Sus carros están en camino. Hay cosas que tiene el Padre y Jesucristo que en realidad le pertenecen a Cristo. Mi oración es que la siguiente palabra pueda ser cumplida por todos los que predican el evangelio: "Tomará de lo mío, mis cosas, y os lo haré saber".

Supóngase que debe predicar la Palabra, y el Espíritu Santo le revela al Maestro en Su divinidad. ¡Oh, cómo predicaría acerca de Su divinidad! ¡Seguramente bendeciría nuestras congregaciones! ¡Ciertamente sometería todo a Su nombre, considerando que Él es Dios de dioses!

El contemplar a Cristo como hombre es igual de dulce. ¡Oh, el contemplar la naturaleza de Cristo a la luz del Espíritu! Podría reconocer claramente que Él es hueso de mi hueso y carne de mi carne; que en Su ternura infinita tendrá misericordia de mí y ministrará a mi pobre gente y a las conciencias afligidas que me rodean; y que aún he de enfrentarlos para decirles que hay Uno que les toca, habiendo sido tentados en todo como ellos. Oh, si antes de que prediquemos pudiéramos contemplar a Cristo en Su divinidad y naturaleza humana, y viniera esa visión para hablarnos de él, ¡cuán gloriosa se tornaría la prédica para el pueblo!

Es glorioso poder contemplar los mandatos de Cristo mediante el Espíritu Santo, pero especialmente Su obrar como Salvador. A menudo, he orado: "Debes salvar a mi gente. No es asunto mío. Jamás traté de hacerlo, ni puse un rótulo en el marco de la puerta que dijera que era salvador. Tú fuiste instruido en este rubro. Lo aprendiste por experiencia, y lo reclamas como tu propio honor. Eres exaltado como Príncipe y Salvador, Haz tu obra, mi Señor".

Tomé esta Escritura, la utilicé durante un servicio, y sé que Dios la bendijo cuando les dije: "¡Que el Espíritu Santo les muestre que Cristo es el Salvador! Un médico no pretende que usted se disculpe por su enfermedad, porque él es médico, y lo necesita para probar sus habilidades. Cristo es el Salvador, y usted no debe pedir disculpas por recurrir a Él, ya que Él no puede ser el Salvador si no hubiere almas para salvar".

El hecho es que Cristo no puede salvarnos sino es por el pecado. El punto de contacto entre los enfermos y el médico es la enfermedad. Nuestro pecado es el punto de contacto entre nosotros y Cristo. ¡Que el Espíritu de Dios tome del ministerio divino de Cristo, especialmente el de la salvación, y que nos sea revelada!

¿Alguna vez el Espíritu Santo le reveló las cosas de Cristo, en particular, Su pacto? Se unió al Padre a fin de llevar a muchos hijos a la gloria. De aquéllos que el Padre le dio, no habría de perder ninguno sino que fueron salvos. Él está sujeto al Padre con el propósito de llevar a Sus elegidos al hogar. Cuando las ovejas tengan que pasar ante Él, les dirá que deben someterse a la vara uno por uno, cada uno será sellado por la sangre. Él no descansará hasta que el número en las actas celestiales coincidan con el número en el Libro de la Vida.

Lo creo, y fue maravilloso cuando el Espíritu me reveló esto antes de un sermón. Una mañana nubosa, triste, lluviosa, brumosa, había unas pocas personas en la iglesia. Sí, pero eran elegidos, personas a quienes Dios ordenó que estuvieran, y estaba presente el número exacto.

Prediqué, y unos cuantos fueron salvos. No avanzamos por casualidad sino que fuimos guiados por el Espíritu de Dios. Tenemos la certeza de que Dios ha elegido a personas para que Cristo las lleve al hogar celestial, y seguramente lo hará. Mientras examina la aflicción en el alma, el Padre se regocijará de cada una de ellas. Si tiene una visión clara de ello, esto le servirá como columna y lo hará fuerte. "Tomará de lo mío, y te mostrará el pacto y cuando te sean revelados te sentirás consolado".

Amado, el Espíritu Santo lo bendice tomando lo que es exclusivamente de Cristo, en especial Su amor, y se lo revela. Lo hemos visto, y algunas veces con más claridad que otras. Si la llama del Espíritu estuviera concentrada en el amor de Cristo, y si nuestra vista tuviera mayor alcance, sería una visión que el cielo no superaría.

Deberíamos sentarnos en nuestro estudio con la Biblia en mano y sentir a Cristo. *"Conozco a un hombre en Cristo, que hace catorce años (si en el cuerpo, no lo sé; si fuera del cuerpo, no lo sé; Dios lo sabe) fue arrebatado hasta el tercer cielo"* (2 Co. 12:2). ¡Oh, contemplar el amor de Cristo a la luz del Espíritu Santo! Cuando se nos es revelado, no vemos simplemente algo superficial sino el mismo amor de Cristo.

En sentido estricto, usted sabe que todavía no

vio nada. Sólo la apariencia y la luz que es reflejada en ella. Eso es todo lo que ve, pero el Espíritu Santo nos muestra la pura verdad y la esencia del amor de Cristo. Aquella esencia muestra el amor sin comienzo, sin cambios, sin límites y sin fin. Ese amor es concedido a Su pueblo simplemente por Su propia voluntad, no por algún motivo externo. ¡Qué impresionante! ¿Qué lengua pudiese expresarlo? ¡Oh, es cautivador!

Creo que si existiese algo más maravilloso que el amor de Cristo, sería Su sangre.

> ¡Hablamos mucho de la sangre de Cristo, pero que poco conocimiento tenemos de ella!

Es el súmmum de Dios. No conozco cosa más divina. Me parece que los propósitos eternos fueron establecidos a partir de la sangre de la cruz hacia la sobresaliente consumación de todas las cosas.

Pensar que Él habría de hacerse hombre. Dios creó el espíritu, un espíritu puro, un espíritu encarnado, y luego lo material. Tiene polvo sobre sus vestiduras igual que nosotros. Luego, redime a Su pueblo de la maldad de su alma, su espíritu y su cuerpo. Derrama una vida que a pesar de que era humana, tenía una estrecha conexión con la divinidad de la que hablamos con propiedad, "la sangre de Dios".

Lea el capítulo veinte de Hechos, y observe cuando el apóstol Pablo dice: *"Para apacentar a la iglesia del Señor, la cual él ganó por su propia sangre"* (Hechos 20:28). Creo que el doctor Watts no se equivoca al decir: "El Dios que amó y murió". Es una exactitud incorrecta, una exactitud absolutamente incorrecta. Así debe ocurrir cuando el hombre finito habla acerca del infinito. Fue un sacrificio divino que anuló, aniquiló y expió el pecado y las secuelas que quedaban. Puso fin a la transgresión, al pecado, expió la iniquidad y trajo justicia perdurable (Dn. 9:24).

¿Ha visto esto, verdad? Sin embargo, tiene que aún ver más, y cuando lleguemos al cielo, entonces conoceremos el propósito de la sangre. Cantaremos con vigor: "A aquél que nos amó y lavó con Su sangre nuestros pecados". ¿Habrá alguien que diga: "Esa no es religión incoherente"? Ellos blasfemaron al hablar de esta manera. Se hallarán en una situación en que hubieran deseado creer "la religión incoherente". Creo que quemará como brasas en el alma de todo hombre que se atrevió a hablar de esa manera. Hizo dádivas por voluntad propia a pesar de la sangre de Cristo y por ellas será arrojado para siempre.

Que el Espíritu Santo le muestre Getsemaní, Gabata y Gólgota. Ojalá le mostrase lo que el Señor está haciendo en este momento. ¡Oh, cuán alentador sería verlo parado orando por usted, en los momentos en que se encuentra depresivo. Piense que si su esposa estuviera enferma, su hijo descompuesto, si no tuviera comida en la heladera, y usted saliera por la puerta trasera y lo viera a Él con piedras preciosas brillando con su nombre en ellas, y Él orando por usted, ¿no diría: "Esposa, está bien, Él está orando por nosotros"? ¡Oh, sería un consuelo ver a Cristo clamando!

Pues, entiende que no sólo reina sino que intercede. Está a la diestra del Padre, que puso todas las cosas por estrado de Sus pies, y Él espera hasta que el último enemigo sea sometido. No tenga temor de aquéllos que lo han rechazado y se le oponen. Recuerde, Él dijo:

> *"Toda potestad me es dada en los cielos y en la tierra. Por tanto id y haced discípulos a todas las naciones, ...he aquí yo estoy con vosotros todos los días, hasta el fin del mundo."* (Mateo 28:18-20)

Lo más extraordinario de todo sería que el Espíritu Santo pueda darle una visión clara de Su venida. Nuestra máxima esperanza es poder decir: "El Señor viene". Cuanto más se oponga el adversario, habrá menos fe y cuando el celo parece haber desaparecido, éstas serán las señales de Su venida. El Señor siempre dijo que no vendría si primero no viene la apostasía. Entonces, cuanto más oscura sea la noche, y cuanto más fuerte sea la tormenta, mejor recordaremos a aquel del lago de Galilea que anduvo sobre el mar en la noche, cuando el viento estaba más fuerte.

¿Qué dirá el enemigo cuando venga el Señor? Cuando contemplen las huellas del Glorificado y el hombre con la corona de espinas. Cuando lo vean, aquéllos que despreciaron Su Palabra y Su sangre eternamente bendecida, cómo huirían del rostro lesionados por amor.

Nosotros, por lo contrario, mediante Su infinita gracia diremos: "Esto es lo que el Espíritu Santo nos mostró, y ahora podemos contemplarlo cara a cara. Le agradeceremos a Él por las revelaciones que nos dio de la admirable visión".

Hay un punto que deseo recordarles: Hay un propósito cuando el Espíritu Santo toma lo de Cristo y nos lo revela.

Respecto a las revelaciones, lo mismo que le aconteció a Jacob le ocurrirá a usted. Sabe que cuando Jacob estaba recostado, el Señor le dijo: *"la tierra en que estás acostado te la daré a ti y a tu descendencia"* (Gn. 28:13). Donde lea en las Escrituras, si encuentra un lugar donde recostarse, ese es su lugar. Si puede descansar en una promesa, esa promesa es para usted.

Dios le dijo a Abraham: *"Alza ahora tus ojos, y mira desde el lugar donde estás hacia el norte y el sur, y al oriente y al occidente. Porque toda la tierra que ves, la daré a ti y a tu descendencia para siempre"* (Gn 13:14-15). El Señor aumenta nuestra santa visión de fe, ya que no hay nada que vea que no pueda disfrutar. Todo lo que hay en Cristo también es para usted.

El Espíritu Santo Glorifica a Cristo

"Él me glorificará" (Juan 16:14). El Espíritu Santo nunca viene para glorificarnos, o para glorificar a una denominación, o a un conjunto de doctrinas sistemáticas. Él viene a glorificar a Cristo. Si deseamos estar en acuerdo con Él, debemos ministrar de manera que glorifique a Cristo.

Si mi objetivo no fuese precisamente glorificar a Cristo; no estaría de acuerdo con el propósito del Espíritu Santo, y tampoco pretendería que me ayude. No tendríamos las mismas metas. Por lo tanto, no aceptaría nada que no sea simple, sincero, y que no sea para la gloria de Cristo.

¿El Espíritu Santo glorifica a Cristo? Es hermoso pensar que lo glorifica por medio de Su revelación. Si quisiera honrar a un hombre, tal vez le llevaría un presente para su hogar. Sin embargo, si quiere glorificar a Cristo, debe ir a la casa de Cristo y tomar de Sus cosas, "las cosas de Cristo".

Cuando alabamos al Señor, ¿qué hacemos? Simplemente expresamos lo que Él es. "Tú eres esto y aquello". No existe otra alabanza. No podemos ofrecerle algo que no sea de Él, pero las alabanzas de Dios simplemente son hechos acerca de Él.

Si desea alabar al Señor Jesucristo, cuéntele a la gente acerca de Él. Tome lo de Cristo y muéstreselo a la gente. De esta manera, glorificará a Cristo. Sé lo que hará. Hilvanará palabras, y les dará forma con elocuencia hasta que haya logrado una encantadora pieza de literatura. Cuando lo haya hecho, colóquelo en el horno y déjelo quemarse. Posiblemente cocine pan para acompañarlo. Es mejor hablar a cerca de Jesús antes que inventar diez mil palabras brillantes de alabanza respecto a Él. *"Él me glorificará; porque tomará de lo mío, y os lo hará saber"* (Juan 16:14).

Nuevamente, creo que el bendito Espíritu glorifica a Cristo mostrándonos Sus cosas como pertenencias de Cristo. ¡Oh, el ser perdonado! Sí, es gran cosa, pero hallar aquél perdón en sus llagas es aún mayor. ¡Oh, el recibir paz! Sí, pero hallarla en la sangre de Su Cruz. Que las manchas de sangre sean visibles sobre todas sus misericordias. Ellas están todas marcadas con la sangre de la Cruz, sin embargo a menudo pensamos en la dulzura del pan o en la frescura de las aguas y nos olvidamos de dónde y cómo llegaron a ser. Carecen de su máximo sabor.

Que haya venido de Cristo es lo mejor cosa respecto a lo mejor que haya venido de Cristo. Que Él me haya salvado es de algún modo mejor que haber sido salvo. Ir al cielo es una bendición, pero no sé si no es mejor estar en Cristo y como consecuencia entrar al cielo.

Él mismo y aquello que viene de Él es lo mejor porque de Él proviene. El Espíritu Santo glorifica a Cristo haciéndonos notar que las cosas de Cristo son verdaderamente de Él, completamente de Cristo y aún están en conexión con Cristo, y nosotros simplemente disfrutamos de ellas porque estamos conectados con Cristo.

Luego dice: *"Él me glorificará; porque tomará de lo mío, y os lo hará saber"* (Juan 16:14-15). Sí, el Espíritu Santo glorifica a Cristo, porque nos lo revela. Muchas veces anhelé que los hombres distinguidos se pudieran convertir. Deseaba que hubiera hombres como Milton que canten del amor de Cristo; algunos hombres inteligentes que enseñasen literatura y filosofía, y volcaran su talento para predicar el Evangelio.

¿Por qué ocurre esto? Bueno, porque el Espíritu Santo considera que esa sería la mejor manera de glorificar a Cristo supremamente. Prefiere aceptar a gente común y mostrarles las cosas de Cristo. Él glorifica a Cristo. Bendito sea Su nombre, que mis ojos turbios miren Su infinita hermosura. Que un desdichado como yo, que sabe de todo en lugar de conocer lo que debo, necesita ser plenamente capaz de comprender cuál sea la anchura, la longitud, la profundidad, y la altura y de conocer el amor de Cristo que excede a todo conocimiento (Ef. 3:18-19).

Ese joven inteligente en la escuela, no se debe a que el maestro lo hizo una persona lista. Pero, hay uno que brilla como estudiante, y su madre dijo que era el más dotado en la familia. Todos sus compañeros decían: "¡Vaya, era uno de los menos inteligentes en la escuela! Parecía no tener cerebro, pero nuestro maestro se las ingenió para llenarlo de sabiduría y le reveló cosas que en el pasado no podría comprender". De algún modo, nuestra necedad, impotencia, y muerte espiritual obra hacia la glorificación de Cristo, que es el propósito del Espíritu Santo, si es que Él nos revela las cosas de Cristo.

Entonces, ya que la revelación de lo suyo es en honor a Cristo, Él nos muestra las cosas de Cristo para que sean reveladas a otros. No podemos hacer esto a menos que Él sea con nosotros para que los demás vean. Él estará con usted mientras cuente acerca de lo que le enseñó y el Espíritu Santo les revelará a los demás como así también a nosotros. Fluirá una segunda influencia de este servicio, ya que seremos ayudados para utilizar los medios pertinentes para revelar las cosas de Cristo a otros.

El Consolador

El Consolador realiza esta obra, y nosotros hallamos el consuelo más rico y seguro en la obra del Espíritu Santo, quien tomará de lo de Cristo y nos lo hará saber.

En primer lugar, lo hace porque no existe mayor consuelo en el mundo que contemplar a Cristo. Nos revela lo de Cristo. Si usted es pobre y el Espíritu Santo le mostrara que Cristo no tenía dónde recostarse, ¡qué visión sería para usted! Si estuviera enfermo, y el Espíritu Santo le mostrara los sufrimientos que Cristo padeció, ¡cuán consolado sería! Si usted hubiera sido creado para contemplar las cosas de Cristo, cada cosa de acuerdo con la situación en que se encuentra, con qué ligereza sería librado de su aflicción.

Cuando el Espíritu Santo glorifica a Cristo, es la solución ante toda clase de aflicción, Él es el Consolador. Años atrás, después del terrible accidente en Surrey Gardens, tuve que irme al campo para reposar. El leer la Biblia traía lágrimas a mis ojos. Podía quedarme solo en el jardín, me sentía oprimido y triste. Hubo gente muerta en el accidente, y ahí estaba yo, medio muerto.

Recuerdo cómo recuperé el consuelo, y prediqué el domingo después de mi recuperación. Había estado caminando por el jardín y me detuve debajo de un árbol. Si todavía existiese lo reconocería. Allí hice memoria de estas palabras: *"A éste, Dios ha exaltado con su diestra por Príncipe y Salvador"* (Hechos 5:31). "Oh", pensé para mí mismo, "sólo soy un soldado común. Si muriese en un pozo, no me importaría. El rey es alabado, Él gana la victoria."

Me parecía a aquéllos soldados franceses del pasado que amaban al emperador, y cuando estaban a punto de morir, si el emperador pasaba por su lado, el herido se apoyaba sobre sus codos y gritaba por última vez, *"Vive l'Empereur!"*. El emperador dejaba una marca en su corazón. Y tengo la certeza de que lo mismo ocurre con ustedes, mis compañeros en esta guerra santa. Si nuestro Señor y Rey es exaltado, no se preocupe por el rumbo de sus asuntos. Si Él es exaltado, nunca se preocupe por lo que ha de ocurrir con usted.

Somos pigmeos, y todo está bien si Él es exaltado. Hay seguridad en la verdad de Dios, y debemos estar dispuestos a ser olvidados, derribados, aniquilados, o toda otra cosa que le agrade al hombre. Hay seguridad en la causa, y el Rey está sentado en el trono. ¡Aleluya! ¡Bendito sea Su nombre!